【文庫クセジュ】

インディヘニスモ

ラテンアメリカ先住民擁護運動の歴史

アンリ・ファーヴル著
染田秀藤訳

白水社

目次

はじめに

　まず、ラテンアメリカにおけるインディヘニスモとは、インディオに好感を抱く世論の「動き」のことである。つまり、インディヘニスモは具体的には、先住民を保護し、彼らをその犠牲となっている不正から守り、そして、一般に認められている彼らの長所あるいは性質を賞讃する態度となって現われる。人道主義的な傾向を帯びたその動きは、古くから、また、時代を越えて、しかも、広く存在した。インディヘニスモの起源は、ヨーロッパ人が新世界の住民と初めて接触したときに遡る。つまり、クリストバル・コロン〔一四五一頃～一五〇六年、英語名クリストファー・コロンブス、以下コロンブスと略記〕は、大西洋のはるか彼方の対岸で遭遇したばかりの人びとのことを美化して記したのである。したがって、コロンブス、つまり、アメリカの「発見者」は最初のインディヘニスタ〔インディオに好感を抱く人〕である。

　代表的なインディヘニスタたちが強烈な個性の持ち主であったため、また、その強烈な個性ゆえに数々の論争が生起したため、特定の時代が他の時代にまして際立っているが、インディヘニスモの動きはラテンアメリカの歴史全体を貫くと同時に、社会全般をも席捲した。インディヘニスモは植民地時代には、聖職者たちによって育まれ、その後は、独立して間もなく誕生した、インディオの保護を求める数々の組織に支えられて発展した。したがって、インディヘニスモは社会のあらゆる分野に深く浸透したので、特定の階級やカテゴリー、あるいは、集団に固有の運動と見なすことができない。インディヘニスモは、ヨーロッパ人征服者とクリオーリョ〔アメリカ大陸生まれの白人〕の植民者、それにメスティーソ〔白人とインディオの混血〕がインディオに対して抱いた後ろめたさをそのまま引きずり、けっして払拭することがなかった。

しかし、インディヘニスモはまた、文学作品や芸術作品に現われた思想「運動」であると同時に、インディオを国家的問題の一環として捉える政治的かつ社会的な運動でもある。その運動は十九世紀後半に発展したが、それはちょうど、ラテンアメリカの国々がみずからの脆さを強く自覚し、黎明期の資本主義に駆り立てられて加わった国際社会の舞台で発言力を増すため、国民国家へ変貌しようとしていた時期に当たる。つまり、ラテンアメリカでは、独立はしたものの、植民地時代のインディオと非インディオ系の人びとの間の分裂は解消されず、そのまま残存しているという認識が芽生え、その結果、国民国家はいまだ建設途上にあると確認されたのである。人口を構成する二つの要素〔インディオと非インディオ系の人びと〕を分離している人種的、民族的かつ文化的な相違を排除し、社会を「国民のものにする」にはどうすればいいのだろうか。どのようにして国民性という骨組みに、インディオという他者を吸収すべきなのだろうか。それにしても、どういう方法で「インディオ性」を基盤にして国民のアイデンティティを確立すべきなのだろうか。以上は、インディヘニスモ運動が自己提起し、懸命にその答えを見出そうとした明らかに矛盾する疑問である。したがって、インディヘニスモはナショナリズムと密接に関連している。いやそれどころか、インディヘニスモは、ラテンアメリカにおいてナショナリズムが取り入れた特別な形態なのである。

〔インディヘニスモでは〕インディオは、「国民」の不在を示す証拠と見なされると同時に、「国民」が創り出される暁には、その唯一の基盤になるとも考えられた。換言すれば、インディオは共通の文化、理想や利害をもつ文化的かつ社会的な集団と見なされ、「国民」を形成するさまざまな価値を備えた存在と判断されたのである。また、インディオは社会のなかに消え去る運命にあるとしても、それは、彼らの価値が社会に広く浸透することを願ってのことであり、その価値は拭い去ることのできない特性を「国民」に付与することになると考えられた。したがって、インディヘニスモはポピュリズム〔社会改革を目指す人民主義〕の系列に分類される。インディヘニスモは、アメリカの根源を探り、先住民文化を称揚する。また、インディヘニスモは農村共同体を重視し、集産主義的、もしくは、社会主義的な傾向を帯び、さらに、信憑性を求めるゆえに、反都市的な、そして、しばしば反西欧的な性格を内包する。したがって、インディヘニスモはロシアのナロドニチェストヴォ〔人民主義。一八七〇年〜二十世紀初頭のロシア革命運動の一派〕と比較される。

〔メキシコの〕思想史家ルイス・ビリョロによれば、インディヘニスモに特徴的な思想の変遷は以下の三つの時期に分けることができる。まず、インディヘニスタたちはインディオの世界を、過去の遺産、あるいは、時代錯誤的な名残りとして、博物館、もしくは、倉庫のなかに閉じ込めるためではなく、近代世界へ統合するために、取り戻そうと試みる。それから、彼らはそのインディオの世界のなかに自分自身と共通する何かを認知しようと心がけ、そして、そのなかに、自己のものとして完全に同一視できるような一面を見つけ出そうと努める。最後に、彼らはインディオの世界を取り戻し、自己の本質的な一部として認識したあと、それに本来の輝きを与えようとする。インディオ的なものを再評価する作業はしばしば西欧文化と対峙して行なわれるので、インディヘニスモは西欧文化の表象とも言える。したがって、インディヘニスモの影響力は、インディオ文化の価値がラテンアメリカ社会にかなり残存していることにあるのではなく、その価値が獲得できる象徴的な意味にかかっている。

インディヘニスモは進歩主義的な運動であり、未来を先コロンブス期の過去の再来とは見ていない。インディヘニスモはヨーロッパと決別した未来、つまり、イベリア両国の征服によってラテンアメリカに押しつけられた文明とは異なる新しい文明が開花するような未来を築くための拠りどころを先コロンブス期の過去に求めるのである。十九世紀末以来、保守的な社会勢力はスペイン主義を標榜し、征服を通じてイスパノアメリカ〔旧スペイン領アメリカ〕の人たちとスペインの人びとは同一の文明、すなわち、ラテン・キリスト教文明を共有することになり、その結果、ひとつの運命共同体を形成しているという考えを中心に団結する傾向にあったが、インディヘニスモはそのようなスペイン主義に異議を唱える。スペイン主義に関していえば、なにもスペイン人だけが信奉したわけではなく、イスパノアメリカの人びとも自尊心さえ捨てれば、拒否できないものではなかった。しかし、一九四〇年代、スペインのフランコ〔独裁〕体制が「スペイン性」というその思想を政治的に利用しようとしたとき、すでに、大部分のラテンアメリカ諸国では、スペイン主義は衰退していた。

インディヘニスモ運動が最も活発に繰り広げられたのは一九二〇年から七〇年にいたる時期である。その間、インディヘニスモは、大恐慌の時期に政権を担当した政府で、国家計画の実現に必要な資源を備えた干渉主義的で援助主義的な政府の公式イデオロギーとなった。政府は農地改革を断行し、先住民たちを伝統的な軛《くびき》、つまり、大土地所有者〔アセンダド〕の権力から解放し、さらに、インディオ大衆が階級組織内部で上昇するのを促すような社会的移動の道を切り開いた。政府は国民的かつ大衆的な文化を奨励し、その結果、先住民の遺産にさまざまな形で着想を得た文化的所産が、急速に拡大する傾向にあった中間階級に受け入れられた。要するに、政府は先コロンブス期の文明を国民の過去へ組み入れることによって、その過去に新しい奥行きを与えたのである。そうして五〇年間、インディヘニスモは政治の流れを指導し、社会に数々の規準を設け、文学や芸術に規範を課し、歴史の書き改めを取り仕切った。

しかし、インディヘニスモ運動が表明したのは、インディオ自身の思想ではなく、インディオに関してクリオーリョとメスティーソが抱いた考えにすぎない。事実、インディヘニスモ運動はクリオーリョやメスティーソのインディオ認識を表示するものとして生まれ、けっしてインディオの名のもとに発言しようとはしなかった。それにもかかわらず、インディヘニスモ運動は、インディヘニスタが考える国家のより重要な利害に従って、インディオに代わって彼らの運命を決定した。まさにそのことが、一九七〇年代から発展し、真にインディオの願いと要求を伝えようとするインディアニスモから批判されているのである。インディアニスモが現在、社会の隅々で大きな反響を呼んでいる事実を考慮すると、インディヘニスモがインディアニスタの組織から厳しい批判を浴びたことは、インディヘニスモが盛んだったころの歴史的状況がもはや消滅したことを物語っている。

結局のところ、インディヘニスモは、〔ラテンアメリカ文化という名の〕いわば西欧文化の精神的起源を西欧以外に求めようとするきわめてラテンアメリカ的な運動である。インディヘニスモは、かつてイベリア系国家に植民・支配された国々に例外なく、つまり、アルゼンチンのように、人口に占めるインディオの比率が低い国にも存在したが、北アメリカでは、そのような運動は生まれなかった。スペインやポルトガルと異なり、フランスとイギリスは、もともと北アメリカ大陸に住んでいた人びとに本来の権利を認め、彼らから離れたところに新しいヨーロッパ人社会を建設したからである。そのような状況のもとでは、インディオが国民意識を形成する基盤になるとは考えられなかった。それどころか、インディオは、国家が推し進める西方への領土拡張政策を阻害する要因となった。アメリカ合衆国やカナダ——そしてケベック——において、北アメリカのナショナリズムがインディオを排除すべき存在と考え、国家の問題の枠外に位置づけるにいたったのは、なにも血の交わりを嫌う文化的伝統というより、むしろ異なる歴史的経験に根ざしているのである。

〔フランス人の〕読者のために、最後に明確にしておかなければならない重要な事柄がある。すなわち、世界的に受け入れられている「インディヘニスモ」Indigenisme という用語は、インディオを指す中立的な用語のインディヘナ indígena〔先住民という意味〕に由来するスペイン語のインディヘニスモ indigenismo のおよそ文字どおりの訳語だということである。それに引き換え、「インディオ」indio という言葉はフランス語の「インディアン」Indien と異なり、軽蔑的なニュアンスを含み、意味論的には、ケベックで用いられる「未開人」Sauvage に等しい。しかし、「インディオ」は、現在のインディアニスタの組織が好んでその使用を慫慂する言葉である。本書では、「インディオ」や「先住民《インディヘナ》」という言葉を用いるが、それらの言葉はそれぞれ、語源的な意味で理解していただきたい。

第一章　植民地時代のインディヘニスモ

一四九二年、ヨーロッパ人はその存在を予想もしなかったアメリカに上陸した。新世界の住民と旧世界の住民との間に打ち立てられた関係は、旧世界の人びとが新世界の住民について抱いた認識と、一方が他方の記号論的かつ思想的な世界へ統合されたことで決定的なものとなった。つまり、両者の関係は、コロンブスがインドに到達したと信じて「インディオ」と呼ぶことになった人びとの性格をめぐる数々の疑問、すなわち、インディオは人間なのだろうか、彼らの土地を征服するのは正しいのだろうか、当時の時代精神に照らして、彼らを支配するのは合法的なのだろうか、といった疑問に対し、ヨーロッパ人が提示した答えをもとに生まれたのである。たとえ当時知られた人間の種類がまだ限られたものであったにせよ、また、教父たちの著書によって、人魚、ファウヌス〔自然の豊かさを象徴する半人半羊の森・牧畜の神〕、サテュロス〔半人半獣の山野の精〕、アマゾン〔ギリシア神話に出てくる好戦的な女人族〕、ケンタウロス〔上半身は人間、下半身は馬の形をした怪物〕、その他、ハルピュイア〔鳥の体に女性の顔と胸をもつ怪物〕のような、人間と獣の中間に位置するものの存在が信じられたとしても、インディオが人間であることについて、疑問視されたことは一度もなかった。ローマ教皇アレクサンデル六世〔俗名ロドリゴ・ボルジア、在位一四九二〜一五〇三年〕がカトリック両王〔当時のスペインのカスティーリャ・レオン王国を治めたイサベル女王とアラゴン王国を支配したフェルナンド王のこと。二人は結婚していた〕に、アメリカの住民の福音化と引き換えに領有権を贈与した一四九三年の大教書「インテル・カエテラ」〔俗に「贈与大教書」と呼ばれる〕は、インディオが魂を備えていることを前提として作成されていた。コロンブスがアレクサンデル六世による贈与の条件〔福音伝道〕を満たすため、一四九七年に拝受した王室関係者からの「訓令」でも、アダムの他の子孫と同様、インディオも救霊の道へ招かれていることが認められていた。したがって、一五三七年にローマ教皇パウロ三世〔俗名アレッサンドロ・ファルネーゼ、在位一五三四〜四九年〕が発布した大教書「スブリミス・デウス」はその認識を厳かに宣言したものにすぎない。

そのように、「インディオは人間なのだろうか」という最初の問いには、時を移さず、明解な答えが出されたが、一方、他の二つの疑問をめぐっては、数々の議論や論戦が繰り広げられた。

I　インディオをめぐる論争

論争はまず、インディオが有無を言わず従わなければならないと考えられた運命に対する反発、それも、激しい憤りの念に駆られた反発をもって嚆矢《こうし》とした。実際、発見者たちはたちまち残酷で貪欲な植民者に豹変し、彼らに抵抗したインディオは奴隷にされ、一方、服従したインディオは「エンコミエンダ」〔一五〇三年に導入された労働力徴発制度。スペイン人に一定期間、一定数のインディオを割り当て、その労働力を使役する権利を認める一方、インディオのキリスト教化を義務づけた制度〕で分配され、主人である「エンコメンデロ」から果てしなく財産や労働の提供を強要された。ついに一五一一年、待降節の第三日曜日、サント・ドミンゴ〔現ドミニカ共和国首都〕で、ドミニコ会士アントニオ・デ・モンテシーノス〔?〜一五三〇年?〕が、説教壇からインディオに対するエンコメンデロたちの非道な仕打ちを厳しく弾劾した。エンコメンデロはインディオに福音の言葉を伝える義務を負うと考えられたからである。モンテシーノスの説教はカリブ海一帯に大きな反響を呼び、ラス・カサス、すなわち「インディオの使徒」の召命を決定的なものにした。

バルトロメー・デ・ラス・カサス（一四八四〜一五六六年）は一五〇二年にアメリカの土を踏み、コロンブス家からエンコミエンダを受領する一方、サント・ドミンゴとキューバで在俗司祭の任務を果たした。一五二二年、ラス・カサスは、とくにインディオ擁護に力を注ぐ修道士たちが所属するドミニコ会に入った。彼はベネズエラのクマナー地方、ついでグァテマラのベラパス、最後にチアパスでそれぞれ、武力をいっさい用いないで先住民をキリスト教へ改宗させるという平和的改宗化事業に取り組み、一五四三年、そのチアパスの初代司教となった。同時に、ラス・カサスはスペインにおいてみずからの影響力を利用して国王権力に圧力をかけ、抑圧の軛のもとで苦しみに喘《あえ》いでいる人びと〔インディオ〕のために行動を起こすよう促した。一五一六年以降、彼は宮廷に対し、エンコミエンダ制の改革や、彼自身が目撃者でもあった民族大虐殺を阻止するためのさまざまな方策を進言する覚え書きを数々上申した。

ラス・カサスは、いまひとりのドミニコ会士フランシスコ・デ・ビトリア〔一四八六～一五四六年〕に依拠して、征服の合法性を非難した。ビトリアはサラマンカ大学で、攻撃を退ける目的の戦争以外、正当な戦争はありえないと教えていたのである。インディオは偶像を崇拝していたが、ラス・カサスにとり、偶像崇拝はけっして、彼らの国家からアメリカ「本来の支配者」を罷免《ひめん》する充分な原因とはならなかった。しかも、スペイン人が上陸する以前、アメリカ大陸では、福音は知られていなかったので、インディオが偶像を崇拝するのは慎重な選択の結果〔＝キリスト教の拒否〕ではなかった。したがって、インディオは「未信者」であり、「異教徒」ではなかった。また、たとえインディオが異教徒であったとしても、だからと言って、彼らが自然法によって万人に認められている諸権利、たとえば、自由を享受する権利や財産を所有する権利を失うことにはならなかった。

ラス・カサスが長期にわたって激しく論争する相手であるヒネース・デ・セプールベダ〔フワン、一四九〇?～一五七三年、当代随一のアリストテレス学者〕の見解は異なった。確かに、セプールベダも、宗教の違いが戦争を正当化する充分な理由にならないのを認めた。しかしそれでも、セプールベダによれば、アメリカの征服は正当であった。と言うのも、先住民の君主たちが本来の支配者ではなく、暴君だったからである。その証拠に、臣下は男色、食人行為《カニバリスム》や人身犠牲といった、自然に反する行為に身を委ねていた。したがって、セプールベダによれば、インディオは誰の目にも明らかなように、はなはだしく自然法を犯しているから、自然法の恩典に救いを求めることができない存在であった。つまり、インディオは自分の身や財産を自由に処する術を知らなかったのである。したがって、セプールベダの考えるところでは、インディオが忌避すべき習慣を捨て去り、道徳的かつ宗教的に少しずつでも向上するためには、スペイン人に従属するのが必要不可欠であった。

一五五〇年、カルロス五世〔スペイン国王カルロス一世、在位一五一六〜五六年、神聖ドイツ皇帝も兼ねる。カール五世〕は二人の見解を検討する任務を負った諮問会議をバリャドリードに召集した。会議に参加した神学者や法学者は結論を出さなかったが、セプールベダが自説を開陳した作品〔「第二のデモクラテスインディオに対する戦争の正当原因に関する対話」染田秀藤訳、『征服戦争は是か非か』岩波書店、一九九一年所収〕は出版を禁止され、一方、ラス・カサスの『インディアスの破壊についての簡潔な報告』*Brevísima relación de la destrucción de las Indias*〔染田秀藤訳、岩波文庫、一九七六年〕は一五五二年に印刷された。ラス・カサスの論策は、アメリカおよびその住民に加えられた取り返しのつかない害を激越な語調で感情の赴くままに書き綴った文書だが、確固たる事実に裏づけられていた。しかし、彼の論策は、北ヨーロッパのプロテスタントの列強諸国がスペイン帝国との戦いをつづけるのに必要な思想的な弾薬を取り出す武器保管庫のようなものになった。すなわち、『インディアスの破壊についての簡潔な報告』は、とくにイギリスやオランダが新世界におけるスペインの植民活動をめぐって作り上げた「黒い伝説」〔宗教裁判と新世界の征服を根拠にスペイン人を歴史上最も残忍な国民と喧伝する運動〕の主要な典拠となったのである。そして、「黒い伝説」は消滅するのにかなりの時間を要した。

ラス・カサスは、改宗に必要な期間にかぎってスペイン国王が封建的な支配権を行使するようなアメリカを夢みた。彼によれば、そのアメリカでは、伝統的な首長や支配者が統治し、聖職者が彼らに精神的な助言を与えることになっていた。ラス・カサスは主張した。インディオは優しくて謙虚、貧しくておとなしく、しかも、素直なので、自ずとキリスト教の主要な美徳を実践している、と。彼は宣教師としての経験に基づいて、先住民の福音化は彼らを西欧化しなくても実現できると確信していた。ラス・カサスの考えによれば、先住民文化は基本的にカトリック教と相容れないわけではなく、それどころかむしろ、カトリック教を弘めるのに格好の礎《いしずえ》となるものですらあった。その考えは、ドミニコ会士、フランシスコ会士やアウグスティヌス会士の間に広く普及し、その後しばらくして、イエズス会士からも支持された。各修道会に所属する宣教師の多くは、インディオを植民者の加える甚大な害から救おうとしただけではなく、さらにすすんで、道徳的に有害と判断したヨーロッパの影響から彼らを守り、原始キリスト教を思わせる原則に基づいて、彼らとともに、過去に存在しなかったような社会を建設しようとした。しばしば、フィオーレのヨアキム〔一一三五?～一二〇二年、カラブリア生まれの神秘思想家〕に発する中世の千年王国主義がルネサンスのユートピア思想と結びつき、新世界を新しい世界に作り上げたいという思いを燃え上がらせたのである。

その思いこそ、キローガという人物が練り上げた計画の根底に流れていたものである。バスコ・デ・キローガ（一四七〇～一五六五年）は法律家としての教育を受け、一五三〇年、ヌエバ・エスパーニャ〔おおむねスペイン支配下のメキシコの別称〕へ渡り、同地で遅まきながら聖職者になった。彼はミチョアカンに、タラスコ人のために「プエブロ＝オスピタル」を建設し、のちにミチョアカンの司教になった。スペイン的なものの影響をことごとく排除したその集落では、労働は男女を問わず、義務づけられたが、労働時間は一日六時間に限られた。また、分業は廃止された。すなわち、成人は〔男女とも〕各自、交代で農作業、手仕事や芸術活動に従事したのである。私有財産は禁止され、資源は全員が共同で開発した。そして、全員が働いて得た成果はそれぞれの必要に応じて各自に分配された。共同体が健康管理と教育を引き受け、医療費は無償で、教育は義務づけられた。奢侈品の所有や他人の労働力の賃貸が禁止された結果、個人個人の関係を律した厳格な平等主義がいっそう強められた。そうして、キローガが読み、注記を施したトマス・モア〔一四七八～一五三五年、ロンドン生まれ〕の『ユートピア』が、一時的にせよ、メキシコの土地で現実のものとなるかに思われた。

キローガの計画はミチョアカンで中断したが、そののち、イエズス会士が再びその計画に着手した。彼らは、ペルーではマイナス地方で、ボリビアではモホ人とチキト人の間で、そしてとりわけ、パラグアイのグァラニー人の間で、大規模な計画を実行に移した。十七世紀初頭、まだスペイン帝国とポルトガル帝国との境界が定かでなかった地方に、およそ五〇もの神政的なファランステール〔フランスの空想社会主義者フーリエの主唱した共同生活団体〕が生まれた。それらの共同体は緩衝国のような存在となり、独自の軍隊を擁し、マテ茶の計画的な栽培と中央集権的な商業化によって繁栄することになった。とはいえ、それも、スペインとポルトガルがそれぞれの領域を画定し、〔一七六七年〕アメリカからイエズス会士を追放するまでのことであった。

植民者と修道会は競ってインディオを独占的に支配することを望んだが、それに対し、国王権力はスペインで基盤を確立するにつれて、次第にみずからの権利を優先させた。一五一二年、王室はブルゴス法を制定し、インディオの奴隷制を禁止し、アメリカにおける強制労働を規制した。ラス・カサスの影響を強く受けて一五四二年に制定されたバルセロナ法〔一般に「インディアス新法」と呼ばれる〕では、エンコミエンダの世襲化が廃止され、エンコミエンダの所有は二世代に限られた〔「新法」で規定されたのは全面的廃止に向けた段階的なエンコミエンダの撤回であり、二世代所有は一五三六年の勅令で定められた〕。バルセロナ法では、最初のエンコメンデロの継承者が死亡したら〔正しくはエンコミエンダの現保有者が死亡した場合〕、インディオは王室の保護下に置かれると規定された。一方、国王役人は、インディオが主人として仕える人びと〔エンコメンデロ〕に納める租税額を査定する任務や、租税額がインディオの能力を越えないよう、また、彼らの労働力の再生産を危うくしないよう〔虐待による人口減少の防止のため〕、監視の目を光らせる役割を担った。最後に、修道司祭は次第にその使徒的使命〔伝道活動〕を在俗司祭に取って代わられた。在俗司祭は修道司祭以上に自律的な行動を制約されたし、国王機関にしても、修道司祭よりも彼らの方が統制しやすかったからである。そうして、民間事業のように進められたアメリカ大陸の植民活動は次第に国家の管理下に置かれた。

植民地体制は、国王がインディアス枢機会議で採択した膨大な量の法令によって整えられた。一六八〇年に編纂され公刊されたインディアス法で、ヨーロッパ人が到来する以前のアメリカに存在した肩書きや権利はことごとく、無効とされ、スペイン国王がアメリカを領有する最高の権力者となった。すなわち、インディオは王室の臣下になったのである。インディオは、特別な権利や義務を数々授けられ、「スペイン人の国《レプブリカ》」とは異なる、また、「スペイン人の国」から分離された別の「国」を形成した。「インディオの国」は法人格を付与された村の共同体制度に基礎を置き、その管理は一年ごとに集会で住民のなかから互選される役職者によって確実に行なわれた。非インディオ系の人びとが共同体に居を構えたり、三日以上連続して滞在したりすることはできず、また、共同体には、生活基盤として、分割も譲渡もできない土地が割り当てられた。その土地は、住民の必要性を満たすのに充分な面積がなければならず、それには、森林や牧草地など、自由に出入りできる土地以外に、農作業が始まる時期に各家族に分配される田畑と、共同体の共済金庫の補充を目的として、住民が共同で開発する土地も含まれた。そのかわり、共同体は納税義務を負い、健康な成人男性は例外なく、年に二回、連帯保証で租税を納めた。また、彼らは毎年、たいていの場合、ほとんど利用価値のない品物を一定量、購入しなければならなかった〔レパルティミエントと呼ばれる強制物資配給制〕。つまり、王国の役人たちは、職務遂行に必要な経費を賄《まかな》ったり、役職売買代金を返済したりできるように、管轄下のインディオに商品を割り当てる権限を委ねられていたのである。共同体の住民は等しく、農作業や強制的な賃金労働を義務づけられ、輪番で鉱山、織物工場、あるいは、駅馬など、公益事業で労働力を提供した。しかし、彼らは商業税〔アルカバラ税、アルモファスゴ税など〕と十分の一税〔教会税〕を免除されていた。異端審問所はインディオに対して管轄権をもたず、司法や行政に関わる審理では、「インディオの代理人《プロクラドール》」が無償でインディオの弁護を引き受けた。

インディアス法が定めた二つの「国」の体制は法律上の虚構にすぎなくなった。まずインディオとスペイン人の間で、また、奴隷として導入されたアフリカ人とスペイン人の間や、さらにアフリカ人とインディオの間でも、性的な関係が築かれた結果、膨大な数のメスティーソ、ムラート〔白人と黒人の混血〕やサンボ〔インディオと黒人の混血〕が生まれ、彼らはその二つの「国」に自分の居場所を見出せなかった。次に、インディオの絶え間ない移動、つまり、インディオが地方の共同体を離れて人口の集中する都市部や鉱山都市、それにスペイン人やクリオーリョが経営する大農園へ移動した結果、人口を構成するさまざまな人種がそれぞれ地理的に分かれて居住するのはかなり困難になった。最後に、経済的な事情から、インディオは非インディオ系の人びとに抗えないほど依存することになり、そうして、次第に閉鎖的になる複合社会の底辺へ追いやられた。法的地位の序列では、インディオはスペイン人〔ペニンスラール〕とクリオーリョのすぐ下位に位置したが、社会的地位のヒエラルヒーでは、黒人奴隷より下、すなわち、社会の最下位に置かれた。と言うのも、黒人奴隷は主人の取り巻きとして暮らしたので、しばしば、先住民労働力に睨《にら》みを利かす役割を任されたからである。

しかし、スペインの植民政策は、フワン・デ・ソロールサノ・ペレイラ（一五七五〜一六三五年）のようなすぐれた法律学者によってその方向が定められ、インディオに対しては、実質的な保護を保証していた。インディアス法がすべて等しく厳格に遵守されることはなかったが、インディオが民族虐殺から免れることができたのはインディアス法のおかげであった。すなわち、十六世紀、虐待に晒《さら》されたため、いやそれ以上に、ヨーロッパ人がインディオに免疫のない病原菌を持ち込んだ結果、アメリカのインディオ人口の曲線は目も眩むほど下降線を辿ったが、十七世紀には安定し、十八世紀を通じて、次第にはっきりと右肩上がりの傾向に転じたのである。

II　クリオーリョの愛国精神

　征服者たちが戦利品の獲得を諦めるに至った状況とくらべると、修道会はいとも簡単にユートピア建設を断念した。つまり、征服者はバルセロナ法に周章狼狽し、自分たちの企てから得られる利益を〔国王に〕掠奪されると感じ、なかには、自分たちを裏切るような罪深い君主に忠義を尽くす義務はないと考える者もいたのである。ペルーでは、アンデスの征服者〔フランシスコ・ピサロ〕の弟、ゴンサロ・ピサロ〔一五〇六〜四八年〕が領袖《りょうしょう》となってエンコメンデロの反乱を率いた。彼はインディオの王女を娶《めと》ることと、家族と仲間の兵士のためにインカ帝国を再建することを思い描いた。一五四六年、反乱軍はキト近郊で王党軍を破り、その戦いで、「新法」を実施するためにスペインから派遣された副王ブラスコ・ヌニェス・ベラ〔?〜一五四六年〕が命を落とした。しかし、ゴンサロ・ピサロは捕らえられ、一五四八年にクスコで処刑された。ゴンサロ・ピサロの処刑は王室の権威回復には役立ったものの、植民者の不満を宥《なだ》めることができなかった。

　征服者はみずからを、権利を剝奪された犠牲者と見なし、それがもとで、アメリカ生まれのスペイン人、すなわちクリオーリョとスペイン生まれのスペイン人〔ペニンスラールと呼ばれた〕の間に亀裂が生じた。両者の分裂状態は、時の経過とともに和らぐどころか、ますます深まり、しかも、かつては精神的かつ感情的であった分裂が次第に政治的様相を帯びるようになった。それは、クリオーリョがヨーロッパの本国とは異なる運命を模索しはじめたことを示唆し、クリオーリョに対する王室の差別的な政策は両者の分裂をいっそう深めるだけであった。事実、クリオーリョは王室行政官から疑惑の目で見られ、行政、軍事、教会関係の職を担うことも、その高い地位に就くこともできなかった。つまり、アメリカの植民地では、それらの職はことごとく、ペニンスラールに独占されたのである。そのような社会的排除によって、クリオーリョが経済的な影響を蒙ることはほとんどなかったにせよ、彼らの自尊心はいたく傷つけられた。十七世紀、あるクリオーリョは苦々しい思いでこう書き綴っている。「この土地で生まれた」スペイン人は、「祖国では、まるで外国人扱いである」と。

　事実、クリオーリョが真の祖国と見なしたのはアメリカであった。自分の誕生を見届けてくれた大陸に対するクリオーリョの熱い想いは、数々の文学作品に滲出している。ペトラルカ風の詩人カルロス・デ・シグエンサ・イ・ゴンゴラ（一六四五～一七〇〇年）は、アナワック〔メキシコ盆地〕の永遠なる春を謳いあげ、フワナ・デ・アスバヘ（一六四八～九五年）、すなわち修道女《ソール》フワナ・イネス・デ・ラ・クルス〔メキシコ市近郊に生まれ、植民地時代最大の詩人と言われる〕は、修道院の僧坊で、ゴンゴラ〔ルイス・デ・一五六一～一六二七年。スペインの詩人〕を凌ぐ独特な語調をもって、メキシコの大地の豊かさを讃美した。つまり、メキシコの大地は、飽くことのない欲望に駆られたスペインにすっかり搾り取られたにもかかわらず、その土地の住民にあり余るほど豊かな果実を授けたのである。同じ頃、フランシスコ・アントニオ・フエンテス・イ・グスマン〔一六四二～一六九九年。グァテマラの歴史家、詩人〕は、グァテマラという名の「生みの親」とも言える土地に対して、そこで生を受けた子にふさわしい敬愛の念を捧げ、『選び抜かれた思い出』*Recordación florida* のなかでグァテマラを讃えた。クリオーリョの愛国心は、十八世紀を通じて、エリート層のクリオーリョがヨーロッパの知識人たちの新世界言説を論駁するために書き上げた学問書にも滲《にじ》んでいる。ビュフォン〔伯爵、ジョルジュ＝ルイ・ルクレール、一七〇七～八八年。フランスの博物学者〕が、アメリカは生まれたばかりの若い大陸で、哺乳類よりも爬虫類が生息するのにふさわしい大陸であると主張したとき、また、パウ〔コルネリウス・デ、一七三九～九九年。オランダの哲学者〕が、高温多湿の気候は生命あるものをことごとく堕落させると断言したとき、メキシコではフランシスコ・ハビエル・クラビヘロ〔一七二一～八七年〕、チリではフワン・イグナシオ・モリナ〔一七四〇～一八二九年〕、ペルーではイポリト・ウナヌエ〔一七五五～一八三三年〕、そしてエクワドルではフワン・デ・ベラスコ〔一七二七～一八一九年〕が、それぞれ、アメリカの大自然の力、動物群や植物群の豊かさ、先住民の築き上げた文明の偉大さを明らかにするのに心血を注いだ。彼らによれば、ヨーロッパの人びととくらべて、アメリカに住む人びとはけっして鈍い知性の持ち主ではなく、意思が弱いわけでもなければ、性格が御しがたいものでもなかった。そして、マルティ〔マヌエル、スペイン、アリカンテの主任司祭〕が、アメリカは文化の不毛地だと断言したとき、フワン・ホセ・エギアラ〔一六九六年～一七六三年。メキシコ市生れ〕はクリオーリョの偉大な知的伝統を明らかにするため、「メキシコ生まれの」著述家たちの伝記事典の編纂を企てた。すなわち、北《アングロ》アメリカの植民者たちは、〔ヨーロッパの知識人の〕考えを愚かな偏見と見なし、軽蔑的な沈黙をもってそれに応えたが、アメリカのスペイン人たちは自分たちを攻撃するヨーロッパの学問的見解に激しく反応したのである。

クリオーリョたちはアメリカの大地に根づくと同時に、大陸の先住民の過去を発見し、高く評価し、そして、自分のものにした。彼らは先コロンブス期の文明を古代ギリシア・ローマ文明の地位へ高め、アステカ人やインカ人との精神的な繋がりを確立することによって、みずからの過去のアイデンティティを構築した。クリオーリョにとって、アステカ人やインカ人は、ヨーロッパ人にとってのギリシア人やローマ人に等しかった。一六八〇年、シグエンサは新しい副王の着任を祝って建立された凱旋門をアステカ皇帝の像で飾り立て、王室を代表する副王に向かって、アナワックのかつての君主のように振舞うよう呼びかけた。つまり、アナワックの歴代君主があらゆる公道徳の鑑《かがみ》として提示されたのである。クラビヘロは「精一杯、祖国に仕えるために」、また、「現在の著述家たちが大勢、覆い隠した真実を鮮明に蘇らせるために」、『メキシコ古代史』*Historia Antigua de México* を著わした。と言うのも、「現在の著述家たち」、たとえば、イギリスではロバートソン〔ウィリアム、一七二一〜九三年〕、フランスではレナール〔一七一三〜九六年。歴史家、哲学者〕、あるいはスペインではムニョス〔フワン・バウティスタ、一七四五〜九九年〕が、それぞれ、アメリカの文化はどれも、文明の入り口まで達せなかったと主張したからである。碩学のイエズス会士クラビヘロは、チョルーラとローマを比較し、テスココをアナワックのアテネに譬《たと》え、王であり詩人でもあったネサワルコヨトル〔一四〇二?〜七二年、テスココの支配者〕をアメリカのソロン〔紀元前六四〇?〜五五八年、古代ギリシアの詩人、政治家〕と見なした。クラビヘロの意図は、ヌエバ・エスパーニャには、旧大陸の歴史を羨《うらや》む必要など、まったくないことを立証することにあった。

つまり、クラビヘロによれば、ヌエバ・エスパーニャの人びとは、スペインの植民化によって、ギリシア人がオスマン・トルコの支配によって受けたのと変わらない悲惨な結果を蒙《こうむ》ったが、それ以前は、ギリシア人と同じように、偉大で栄光ある文明を築いていたのである。

一方、ペルーの古代史〔インカ史〕を神話化し高く評価する作業は、十七世紀初頭から行なわれた。その発案者は、ガルシラソ・デ・ラ・ベガ〔エル・インカ〕（一五三九～一六一六年）である。スペイン人征服者と先住民の高位貴族の血をひく女性との間に生まれたインカ・ガルシラソは、世代を越えて久しく受け継がれるインカ帝国像を創出した。すなわち、彼によれば、インカ帝国の歴代君主の知恵は理性の掟に従っており、その思慮深い統治により、人民は各自、物質的に満ち足りた生活を送り、また、万人の幸福が蔑《ないがし》ろにされることもなかった。そのうえ、インカ帝国では、貧困と同様、略奪も虚言も怠惰も知られていなかった。したがって、彼の著作『インカ皇統記』*Comentarios reales de los Incas*〔牛島信明訳、岩波書店、大航海時代叢書第Ⅱ期、エクストラシリーズ、一九八五～八六年〕は、アルカディア〔古代ギリシアのペロポネス半島中部の地方で、牧歌的な理想郷と考えられた〕がヨーロッパ人到来以前のアンデスに存在したと想わせるのに充分であった。作品は一七二三年に第二版が出版され、南アメリカ全域に流布した。南アメリカでは、『インカ皇統記』はクリオーリョのサークルにおいて、また、その数は限られたものの、メキシコと比較すれば、はるかに長い期間生きながらえたペルーのインディオ貴族の間でも、攻撃的な作品として愛読された。彼ら、つまり、貴族の血をひく少数のインディオたちは、かつてスペインによる征服直後、先祖が拒絶した文化的伝統を甦らせて、抗いがたい衰退を阻止しようと努めた。一七八二年、王室当局は、インカ・ガルシラソの作品が人民の間に、精神的かつ心理的な分裂をもたらし、アンデスの黄金時代の終焉をスペインの所為だとする考えを生み出すことになると判断し、『インカ皇統記』のアメリカでの発売を禁止し、アメリカ中の図書館から作品の撤収を命じることになった。

インカ人への熱い想いは、彼らと結びついた文化の特徴にまで及んだ。たとえば、ケチュア語〔インカ帝国の公用語の一つ〕は、「ほくろもち《エル・ルナレホ》」と呼ばれた〔ペルーの〕フワン・デ・エスピノサ・メドラーノ（一六三二〜八八年）がスペイン語の作詩法の規則に従わせようといろいろ試みた結果、文章語となった。十八世紀、成功を収めた数篇の戯曲は、たとえばカルデロン〔デ・ラ・バルカ、ペドロ、一六〇〇〜八一年スペインの劇作家〕の作品に想を得た『ウスカ・パウカル』*Usca Paucar* や、『オリャンタイ』*Ollantay* のように、インカの歴史上の人物を取り上げたもので、登場人物はかなりヨーロッパ的な感情をケチュア語の詩句で表現した。アンデス山脈に抱かれた内陸部の諸地方では、クリオーリョも日常生活で頻繁にケチュア語を話したため、彼らが憎むべき半島生まれのスペイン人、すなわち「チャペトン」に対して感じていた隔たりはいっそう深まった。クスコ地方に暮らす貧しい人びとを絶えずスペイン人役人に刃向かうよう仕向けた恐るべきウンブロソ辺境侯〔一六八七年、サン・ロレンソ・デ・バリェ・デ・ウンブロソ侯の称号が作られた〕たちは、スペイン人当局者に対しては、ケチュア語以外では答えようとしなかった。彼らのなかには、インカの末裔であると、出自を捏造し、ヨーロッパの貴族の称号を使うのをやめ、アプ（「支配者」）を名乗った者もいた。また、アンデスを治めたかつてのインカ皇帝の家系図を作成させ、芸術家たちを庇護し、当時流行していたインカ風スタイルを開発させた辺境侯もいた。しかし、彼らとて例外なく、先住民に対しては〔ペニンスラールと〕同じように、残虐な振る舞いに及んだ。つまり、彼らもその広大な所領で先住民を奴隷同然に扱ったのである。換言すれば、クリオーリョが同一化したのは過去の死んだインディオにすぎなかった。したがって、彼らが推進した新インカ主義や新アステカ主義は、明らかに考古学的インディヘニスモ以外のなにものでもなかった。新インカ主義と新アステカ主義は、先住民の過去をいわば歪曲して生まれたものであり、先住民の過去は正当な継承者〔先住民〕と利害関係を異にする社会民族集団のカテゴリーに資するよう、利用されたのである。植民地時代末期、フランシスコ・ミランダ〔一七五〇〜一八一六年、ベネズエラのカラカス生まれ〕は、そのような〔クリオーリョによる先住民の〕遺産の瞞着《まんちゃく》を認め、「祖国の奴隷となって生きのびることを望まず、抑圧の鎖に引きずられるより、メキシコ、クスコ、あるいは、ボゴターの壁の前で、名誉ある死を選んだ有名なインディオたちの後継者」を同胞と見なした。搾取されて堕落してしまった現存するインディオについて語ったクリオーリョは一人もいなかった。クリオーリョの愛国主義を支えた祖国という概念のなかには、インディオの占める場所などまったくなかったのである。したがって、クリオーリョの愛国主義が正真正銘の国民運動へ発展するのは、たとえその可能性は否定できないにせよ、容易なことではなかった。

しかしクリオーリョは、習合的な特徴を備えた二つの神話を通じて、アメリカという土地がその尊厳と正当な権利において再認識されることを要求した。第一の神話は、十七世紀の中ごろに入念に作り上げられたもので、その根拠になったのは、一五三一年に、メキシコの近郊、かつてアステカの母なる女神トナンティンの寺院が聳えていた場所に、グァダルペの聖母が顕現したという信仰である。聖俗を問わず、スペインの植民地当局は聖母顕現の事実に異議を唱えたが、クリオーリョたちは聖母の奇跡的な出現を、新世界が神に見捨てられていないことと、新世界が自然によって断罪されていないことの証拠と見なした。彼らは、ペニンスラールが崇めたサラゴサのピラールの聖母信仰に対抗して、グァダルペ信仰を組織した。そして、グァダルペ信仰では、マリアの顕現を介してアメリカに付託された預言《カリスマ》、つまり、神の恩寵の計画において、ヨーロッパと同じ地位がアメリカ大陸に与えられた預言が讃えられた。グァダルペ信仰は、時を移さず、愛国的崇拝の様相を帯びた。それは現在のメキシコにも連綿として受け継がれている側面であるが、グァダルペ信仰はそれだけにとどまらず、当時まだ政治的には表面化していなかった〔ペニンスラールとクリオーリョの〕分裂を宗教の面で表示していた。

　同じ頃、聖トマスという人物をめぐって、二つ目の神話が明確な形をとった。初期キリスト教の伝統に従えば、使徒トマスは、キリストの死後、インド方面へ旅立った。ペルーのアウグスティヌス会士アントニオ・デ・ラ・カランチャ〔一五八三〜一六五四年、チュキサカ生まれ〕によれば、聖トマスは西インド、すなわち、アメリカへ赴き、同地に滞在して住民の改宗化に尽くした。ヨーロッパ人の到来に先立つ一六〇〇年も前に、アメリカ大陸で福音が伝道されたというその考えは、アメリカ大陸全域に広まった。聖トマスの足跡はメキシコにしるされ、メキシコでは、アステカ人がトマスを彼らの偉大なる文化神ケツアルコアトルと同一視した。また、アンデスでは、インカ人がビラコチャという名前でトマスを崇め、ブラジルでは、トマスは神パイ・ズメーだと信じられた。イエズス会士マヌエル・ダ・ノブレガ〔一五一七〜七〇年、ポルトガルのミニョ生まれ〕は、トゥピナンバ人の領土でトマスの足跡を見たと証言した。ペニンスラールの司祭たちは、土着宗教とキリスト教の類似性――とりわけ、三位一体の概念、シンボルとしての十字架、断食や苦行の実践、聖母マリアの奇跡的な顕現に対する信仰など――を悪魔による見せかけと断定したが、クリオーリョたちは、使徒時代に遡る古い昔に福音が伝道されたことを示す、別の痕跡と考えた。二つの宗教が類似していたことで、〔スペインからの〕分離主義運動が展開する過程で、分裂を招くあるひとつの確信が生まれた。その確信に従えば、もしもスペインで聖ヤコブが行なったのと同じ時期に、聖トマスが実際にアメリカで福音伝道を行なっていたとするなら、福音伝道の使命を負っていると自認したスペイン人によるアメリカの征服は、ことごとくその合法性を失い、ヨーロッパの本国がアメリカに押しつけた保護国としての地位も法的な基盤を奪われることになる。それこそ、ドミニコ会士セルバンド・テレサ・デ・ミエール〔ホセ、一七六五～一八二七年、メキシコのモンテレイ生まれ〕が主張した考えであり、テレサ・デ・ミエールはスペイン支配の転覆を謀《はか》り、一七九四年に行なった有名な説教で、聖母グァダルペの神話と聖トマスの神話を組み合わせたのである。そのため、説教のあと、彼はメキシコからの追放を余儀なくされた。

独立前夜、アメリカにおけるスペイン帝国をその基盤から揺るがした大規模な反乱は、先記の神話に秘められた訴える力の大きさを証明しているが、同時に、クリオーリョの愛国主義が行き詰まったことも示唆している。一七八〇年、クスコ地方がスペイン支配に対して蜂起し、反乱はアンデス全域を席捲し、北はベネズエラ、南は現アルゼンチンのラ・プラタ地方にまで拡大した。反乱者は腐敗堕落したペニンスラールの役人の罷免、強制労働〔ミタ制〕の廃止、租税および強制的買い付け〔レパルティミエント〕の撤廃などを要求に掲げたが、世襲財産や膨大な私的権益にはいっさい触れなかった。反乱の領袖でインカの血をひくホセ・ガブリエル・コンドルカンキ〔一七四一～八一年〕は、実際、クリオーリョ層との同盟の強化を試みたし、反乱計画はクリオーリョを中心にじっくりと練られた。ホセ・ガブリエルは、曾祖父の一人が旧インカ王女〔父は十六世紀にスペイン支配に抵抗した最後のインカ王トゥパク・アマル〕の娘と結婚していたことから、最後のインカ王を追憶してトゥパク・アマル二世を名乗ったが、同時に、非インディオ系の人びとの承認を取りつけるため、ホセ一世という名前も使った。彼は一七八一年に逮捕され、処刑されたが、それにもかかわらず、反乱は先鋭化し、反乱の主導権を掌握したインディオたちは、白人と見れば例外なく襲撃を加え、彼らの財産をことごとく攻撃の的にした。オルーロの町で、反乱者たちはスペイン人を大量に虐殺したが、彼らを解放者として受け入れたクリオーリョやメスティーソにも同じような仕打ちを加えた。一七八三年、国王軍は非インディオ系の人びとを保護下において、うわべだけの平安を取り戻すことができたが、それもけっして生易しいことではなかった。

一八一〇年にメキシコで勃発した反乱も同じ経過を辿った。地方の司祭ミゲル・イダルゴ〔イ・コスティーリャ、一七五三～一八一一年、メキシコのグァナファト生まれ〕、つづいて、同じく司祭のホセ・マリア・モレロス〔一七六五～一八一五年、メキシコのバリャドリード生まれ〕に率いられた反乱は、バヒオ地方で狼煙を上げ、メキシコの中央部と西部一帯を席捲した。反乱者たちはアナワック共和国を建設するため、グァダルペの聖母マリアの御旗のもとに戦った。しかし、政治的性格を帯びたその闘いは次第に重大な社会的意味を帯びるようになり、その結果、植民者の間で獲得していた支持を失うことになった。

伝統的な歴史学では、それらの反乱は独立の先駆的な運動と見なされているが、実際には、通説とは逆の結果をもたらした。すなわち、反乱の結果、はるか以前から植民地社会に見られた分離主義的な傾向が抑制されたのである。というのも、クリオーリョたちは、反乱運動に加わったインディオ大衆の示す危険な動きに対処するためには、否が応でもペニンスラールに近づかざるをえなくなったからである。換言すれば、反乱の結果、アメリカ大陸がヨーロッパとの従属関係を断ち切るのに、さらなる時間が必要になったのである。

Ⅲ　独立直後

独立が達成されるころ、クリオーリョの伝統的な愛国主義はすでに姿を消し、国家主義的な思想はクリオーリョの愛国主義を取り込もうともしなかった。一八一六年、将軍ベルグラーノ〔マヌエル、一七七〇～一八二〇年、ブエノスアイレス生まれ〕はトゥクマンで開催された国民会議に対して、アンデスにインカ王を君主と戴《いただ》く穏健な君主国の建設を勧告したが、彼が主張したような、「きわめて邪悪な形で王位を剥奪された王家を再興する」という考えは、誰からも支持されなかった。モクテスマ〔・ショコヨティン、一四六六?～一五二〇年、アステカ最後の国王で、モテクソマとも呼ばれる〕二世の子孫をメキシコの指導者に擁立しようとするさまざまな計画も練られ、その最後の計画は一八三四年にエカツィンゴの二人の司祭が苦心の末に立てたものだが、いずれの計画も次々と頓挫した。

独立後、アメリカは、先コロンブス期の過去にはっきりと背を向けた。アルト・ペルーは、解放者シモン・ボリバル〔一七八三〜一八三〇年、カラカス生まれ。南アメリカ独立の偉大な指導者〕に対する感謝の気持ちからボリビアとなり、ヌエバ・グラナダは、コロンブスに敬意を表してコロンビアという名称を採用した。一方、ヌエバ・エスパーニャは、アナワックの代わりに、公式にメキシコと呼ばれるのを選んだ。スペイン帝国の廃墟の上に生まれたばかりの国家は、ありとあらゆるシンボルに取り囲まれたものの、そのシンボルには、かつての先住民文明を想い起こさせるものはほとんどなかった。まるで過去の先住民文明への追憶が、にわかに放棄されたかのようであった。すなわち、新生の共和国は、歴史を白紙状態へ戻し、ジェファソン〔トマス、一七四三〜一八二六年、アメリカ合衆国第三代大統領〕のアメリカ合衆国や、革命フランスに影響を受けた抽象的な原則〔自由、平等、博愛〕に基づいて国家建設を目指したのである。国家の運命を握ったリベラルなエリートたちによれば、国民とは、自発的に定められた法律に従って暮らす、自由で平等な個人が契約に基づいて形成する単一の組織であった。彼らは、国家的問題をもっぱら政治的かつ法律的な表現で提示するとき、インディオを権利の保有者として認めたにすぎなかった。彼らの目には、「インディオであること」は、かつてスペインがさまざまなカテゴリーからなる社会のなかで白人とメスティーソと先住民に与えていた個々の地位のひとつが社会に投影されたものと映った。すなわち、階級社会に見られた植民地主義の後遺症とすべての民族的差異は、市民の平等を謳った新しい法規則によって、排除されると考えられたのである。

一八二一年、ペルーにおいて、将軍サン・マルティン〔ホセ・デ、一七七八〜一八五〇年、アルゼンチン生まれ。ボリバルとともに南アメリカ独立に重要な役割を果たす〕は、平等の原則に依拠して、以後先住民を、もはや個人的夫役《ぶやく》に従事させてはならず、また、彼らを「インディオ」と呼んではならないと定めた。同様に、翌年、メキシコの議会も、公用語から「インディオ」という言葉を追放し、公文書、私文書を問わず、文書でインディオに言及するのをいっさい禁止した。インディアス法が暫定的に一八三〇年まで継続したエクワドルを除くすべての国で、かつてインディオがその恩恵を受けた保護体制が解体された。そうして、先住民共同体は植民地時代の遺産と見なされ、法人格と法的保護を失った。一八二五年七月四日にボリバルがクスコで署名した法令によって、先住民共同体の土地を分割し、その土地をかつての集団的受益者である共同体の成員一人一人に私有地として分配する計画が決定された。その法文書は、土地が集団による所有となれば、努力して生産性を高めようとする個人の意欲が削がれるという考えに立脚し、経済的繁栄と政治制度の安定を保証するような独立した小規模生産者階級の創出を想定して作成された。しかし、文書は土地の私有化を求める大きな運動の引き金となり、土地の私有化は、十九世紀を通じてラテンアメリカのすべての国で、国家の農地法で認められることになる。

そうして「インディオ」は「市民」となり、存在しなくなった。メキシコでは、偉大な自由主義思想家ホセ・マリア・ルイス・モラ〔一七九四〜一八五〇年、メキシコのグァナファト生まれ〕が、もはやクリオーリョも先住民もいない、存在するのは富める者と貧しき者のみである、と誇らしげに認めた。しかし、カルロス・マリア・ブスタマンテ〔一七七四〜一八四八年、メキシコのオアハカ生まれ〕は、そのような幻想に騙されなかった。かつてモレロス軍の同志だったブスタマンテは、「インディオという存在」が「市民という存在」に姿を変えたという、繰り返された主張を嘲笑し、「市民であること」がまったく机上の空論にすぎず、しかも、それが高い代償を払って得られたことを、きわめて厳しく指摘した。しかし、ブスタマンテと同じように、インディオの境遇に関する自由主義的な法律がもたらす、予測できないもののの、かなり現実的な結果を告発した人びとは、植民地時代の旧体制に与しているといって非難された。

それにもかかわらず、自由主義的な法律は由々しい結果をもたらした。すなわち、インディオたちは割り当てられた猫額《びょうがく》の土地すら、ほとんど利用しなかった。というのも、彼らは新しい権利について充分に知らされず、また、〔植民地時代に存在した〕正式な任命を受けた代理人を失って以来、権利を行使したり、守ったりするのに必要な手段を充分に備えていなかった。したがって、インディオはしばしば、隣接する領地にわずかな土地を奪われ、追放されて、農奴の身分へ追いやられた。つまり、共有地の私有化は小土地所有者の数を増やすどころか、植民地時代の大土地所有、つまり、ラティフンディオを強化し、先住民の隷属状態を拡大することになったのである。独立後、長期にわたってラテンアメリカが陥った経済的不況はそれ自体、国有地の範囲内で経済活動の再組織化をもたらしたが、一方では、土地のさらなる集中を助長した。その結果、土地権力者が各地につぎつぎと出現し、彼らは、弱体な国家が行使できなかった特権を奪った。すなわち、大土地所有者は独自の通貨を発行し、みずから裁判を執行し、自前の軍隊を所有したのである。同時にまた、彼らは大勢のインディオの主人でもあった。大土地所有者は彼らを直接支配下に置き、一時的に土地を払い下げたり、高利で金を貸し付けたり、あるいは、法外な値段で物資を掛け売りしたりした。その結果、インディオの債務は年を追うごとに重くなり、世代から世代へと受け継がれ、最終的に、債務者とその子孫は土地に縛りつけられた。そのような債務の慣行は一般化し、土地に対する安定した労働力の提供を保証した。労働力がなければ、土地はまったく価値がなかったからである。

自分の土地を保有できたインディオたちは、かつて先祖伝来の共同体の範囲内で享受していた自治権を喪失し、正当な権利として彼らに属していた共同体での役職もつぎつぎと奪われた。法律によって、インディオであろうとなかろうと、誰もがその役職に就けるようになったため、それらの職はメスティーソ、もしくは、招かざる連中に占有されたのである。そして、彼らは役職を利用して住民たちをあらゆる夫役に従事させ、私利私欲を肥やした。個人的な夫役を禁止する法令や規定や通達が数々出されたが、それらの禁令は、実際上、死文に等しかった。王室役人から物資を購入する義務は消滅したが、それは、役人にかわって土地権力者が、インディオとの間に、強制的な性格を帯びた不平等な取引関係を築くことを可能にしたにすぎなかった。租税に関していえば、独立後すぐに廃止されたが、厳しい財政上の必要性に駆られて、「インディオからの寄付」という形でたちまち復活し、その人頭税は、関税と並んで、久しくアンデスの共和国諸国の重要な歳入源となった。同じく、植民地時代にインディオが享受していた税の免除も廃止され、一方、〔独立〕以前にはけっして強制されなかった兵役が新たに義務づけられた。しかも、兵役義務を全うしたのはインディオだけであった。もっとも、彼らに兵役を強制するには、まさに「人間狩り」を行なわなければならなかった。それほど、血の税金、つまり、兵役は嫌悪されたのである。

独立によって、インディオの生活条件は、場所を問わず、著しく悪化した。共和主義体制は、かつてスペインが先住民を組み入れた搾取体制をいっそう強化し、先住民から防衛手段を奪い去り、「封建的な」様相を際立たせた。つまり、外的な植民地主義〔スペインによる植民地支配〕に代わって、いわば情容赦のない国内新植民地主義が登場したのである。そして、国内新植民地主義は、ラテンアメリカの一部の国で、場所によっては、二〇世紀半ばまで続き、その間、大きな構造上の変化を蒙ることもなかった。

第二章　インディヘニスモの思想

あらゆる法律が自由主義思想に基づいて制定されたにもかかわらず、十九世紀半ばを過ぎるとにわかに、階級社会内部に、「インディオ性」が残存していることが明らかになった。メキシコでは、一八四六年にアメリカ合衆国との間に戦争が勃発し、間もなく惨憺《さんたん》たる結果に終わった。すなわち、戦争は二年後、国土の半分を喪失するという結末を迎えたのである。そののち、諸外国の介入を受けて政権が動揺をきたすと、インディオたちが各地で大土地所有者や権力者の軛を振りほどくことになった。つまり、国中で反乱の火の手が上がり、とりわけ南部においては、マヤ人がユカタン半島の大部分を占拠した。また、ペルーでも、チリとの間に悲惨な戦いが勃発し、両国は一八七九年から八三年にかけて対立した。〔太平洋戦争と呼ばれる〕その戦争は、メキシコと同様、ペルーでも社会闘争と化し、チリ人の侵略者たちを迎撃するため、ゲリラに組織されたインディオたちが、数多くの地方で、ペルー生まれの白人やメスティーソに武器を向けた。同様に、ボリビアでも、一八九八年の内戦は野放し状態になった。すなわち、自由党は保守主義者たちから権力を奪取するため、先住民大衆を動員したが、やがて先住民は勝手気ままな行動をとるようになり、非インディオ系の人びとを相手に、独自の闘争を繰り広げた。それら「有色人種の戦い」は「カースト戦争」とも呼ばれ、型にはめたように、「文明」に対する「野蛮」の戦いと解釈されている。しかし、「有色人種の戦い」は、十九世紀後半を通して繰り広げられたインディオたちの不穏な動きが最高潮に達したものにすぎず、彼らの不穏な動きはアンデス諸国では、一九二〇年代においてもまだ鎮静していなかった。

I 人種主義

暴力の吹き荒ぶなか、インディオが突然、姿を現わし、独立後のラテンアメリカを覆った虚構のベールを引き裂いた。〔メキシコの言語学者〕フランシスコ・ピメンテル（一八三二〜九三年）は、メキシコには、「二つの民族が同じ領土に暮らしている。そのうえ、最悪なことに、両民族は少なからず敵対している。……青銅の人種に属する人間〔インディオ〕は異なる人種〔白人〕の破滅を実に嬉しそうに思い描き、現在置かれている昏睡状態を脱する機会と、再び自分たちの手に戻ってくると信じている覇権をこの国に甦らせることのできる好機ができるだけはやく訪れるのを心待ちにしている」と指摘した。さらに、彼は言葉をつづけて、こう結論づけた。「先住民が現在と同じ状況に身を置きつづけるかぎり、メキシコは本当の意味で国家という地位を望むべくもない」と。メキシコは絶えず国内混乱の危機に晒され、その結果、外国の侵略に対して抵抗する力を完全に失った。したがって、「カースト戦争」は、インディオが問題を提起していることと、国家がいまだ建設途上にあることを、否が応でも認識させる結果になった。換言すれば、「カースト戦争」の結果、インディオ問題を重要な国家の問題として位置づけ、その問題の解決は国民意識が誕生するかどうかにかかっているという考えが芽生えたのである。インディヘニスモはその解決策を模索する過程で生まれた運動であり、その運動には、さまざまな形態があった。

その当時実行された国家計画は、一八六〇年以来、ラテンアメリカの知識人サークルが信奉した実証主義に着想を得たもので、国民に関する新しい定義に基づいていた。ピメンテルによれば、国民とは、「共通の信仰を奉じ、同じ思想に支配され、同じ目的を志向する人びとの集合体」であった。換言すれば、国民は、独立以来、人びとが社会的身分を確立しようと努めた契約に基づく連合体ではなくなり、一つの有機体、一つの精神共同体、互いに強く結ばれた同質の、そして、構成員全体に還元できないひとつの集合体、それも、一つの運命を実現するため、歴史に自己投影する集合体となったのである。そのような国民概念にあっては、インディオ性〔インディオであること〕と国民性〔国民であること〕は、両立しえない関係を築き、その結果、インディオ性と国民性という二つの表現は互いに相容れないものになった。

インディオに関して言えば、彼らは当時支配的であった人種主義的なパラダイムに従って解釈された。先住民は、インディヘニスタがその劣等性を認めた民族の代表であった。しかし、インディヘニスタは、十九世紀末ごろ社会的ダーウィニズムの登場によって自説がさらに強化されたと判断した人種差別主義者とは異なり、彼らの劣等性を先天的な特徴とは見なさなかった。ピメンテルは、『先住民族の現況を惹起した諸々の原因と現状改善策に関する覚書』*Memoria sobre las causas que han originado la situación actual de la raza indígena y medios de remediarla*（一八六四年）のなかで、インディオが劣っているのはスペインによる植民地支配の所為だと主張した。すなわち、彼によれば、スペインの植民地支配によって、インディオは文明の流れから遠ざけられ、征服期、ヨーロッパにくらべて明らかだったアメリカの諸民族の歴史的な遅れがさらにいっそう加速することになった。したがって、インディオという人種はけっして先天的に劣っているわけではなく、卑劣な支配を蒙った結果、劣ったものにされたのである。進歩しなかったとしても、だからといって、彼らに進歩する能力が欠けていたわけではない。ピメンテルはインディオの知的能力を証明するあかしとして、彼らの顔面角〔知能の指標であると考えられていた〕をもちだし、それは最も知的な人種、つまり、ヨーロッパ人の顔面角に近いと主張した。

その三〇年後、ペルーのハビエル・プラド〔一八七一〜一九二一年、社会学者〕が再び同じ主張を唱えた。実際、インディヘニスタにとって、インディオという人種が甘んじていた状況は本来の生物学的な理由によるものではなかった。それは、スペインがアメリカにおいて実施した政策に決定づけられた歴史プロセスの結果であり、インディアス法が定めた体制、すなわち、インディオの生命を擁護しようとする保護的な意図にもかかわらず、差別的かつ分離主義的と評価される体制が生みだしたものである。一八九八年、ヨーロッパのかつての宗主国スペインがアメリカ合衆国との戦い〔米西戦争〕に敗北すると、反スペイン感情は冷めたが、そのとき、インディオの置かれた状況を説明するのに、別の理由、たとえば、環境の影響や摂食する食糧、もしくは、社会状況などが考え出された。しかし、いずれの理由をとっても、インディオがもし白人と同じ条件下に置かれれば、遅かれ早かれ、白人と同等になれることについては、疑問視されなかった。

インディオは、たとえその文化的能力が充分に認められても、人種としては消え去る運命にあった。インディヘニスタが定めた運命によれば、インディオはクリオーリョと融合し、まさしく国民的な人種となるメスティーソを生み出すことになっていた。つまり、生物学的な交わりによって、あらゆる国家の問題と同時に、インディオ問題も完全に解決すると考えられたのである。混血化は、人口を構成するさまざまな人種を分断してきた障壁を現実に打破するだけでなく、国を引き裂き、その存在を脅かした政治的かつ社会的な矛盾をも解消することになる。その結果、最終的に「国民となった」民族は確実に進歩の道を歩むことができる。そのように、インディヘニスタたちは考えたのである。

したがって、インディヘニスモと社会的ダーウィニズムとの決裂は決定的であった。スペンサー〔ウォルター・ボールドゥイン、一八六〇〜一九二九年、イギリスの人類学者、生物学者〕や、彼を信奉するラテンアメリカの人びと、たとえば、カルロス・オクタビオ・ブンヘ〔一八七五〜一九一八年、ブエノスアイレス生まれ。教育者、実証主義的社会批評家〕、あるいは、ホセ・インヘニエロス〔一八七七〜一九二五年、ブエノスアイレス生まれ。文筆家、社会学者〕らは、征服民族と被征服民族との混血は間違いなく肉体的かつ精神的な堕落をもたらすと主張し、メスティーソを苦しませている欠陥を、逐一洩らさず、こと細かに並べ立てた。一方、〔メキシコの〕フスト・シエラ（一八四八〜一九一二年）は、その主張に激しく異議を唱え、充分な事実観察に基づいていないという理由から、それを独善的で、学問的価値のない主張だと断じた。シエラは、メスティーソという集団が「わたしたちの大地に眠る富を動かしはじめた」ことを確認して喜び、メスティーソを「わたしたちの歴史を動かすダイナミックな要素」であると考えた。それゆえ、メスティーソは、「自分たちを作り出した人種的要素を自己自身のなかに吸収して」、国民を創出する宿命を負っている。すなわち、メスティーソは新しい人間であり、国は集団の運命に関して抱く全体概念をメスティーソに投影し、彼らに国民意識という旗を委ねるのである。

メスティーソに関する弁論で、必ずしも正鵠を射たものではないが、最も筋道が通っているのは『国家的大問題』*Los grandes problemas nacionales* で開陳されている主張である。アンドレス・モリナ・エンリケス（一八六六～一九四〇年）は、一九〇九年にその作品をメキシコで出版し、メスティーソがインディオ、さらにはクリオーリョより、はるかに優秀であることを実証しようとした。彼によれば、クリオーリョは、実際には明らかに、ひとつの人種、つまり、歴史を通じて絶え間なく数々の異なる人種と戦いつづけたヨーロッパ人に属していた。クリオーリョは人種間の競争がもたらした淘汰によって高度な文明の段階に位置し、それはきわめて高い実行能力となって現われた。そのかわり、クリオーリョは、本質的に彼らとは無縁なアメリカという環境にうまく適応できず、その結果、抵抗力を欠いた。一方、それとは逆に、インディオは十六世紀の初頭まで孤立したまま、人種間の競争に関わることなく暮らしてきたので、文化的にほとんど進化しなかったが、それでも環境には充分に順応した。したがって、インディオには、強い抵抗力が備わっていた。メスティーソはクリオーリョとインディオという二つの人種に認められる、そのような相互補完的な性質を移植され、クリオーリョの行動能力とインディオの抵抗力を受け継ぐことになるのである。その考え方に従えば、ラテンアメリカに誕生するメスティーソという人種は、同じころアメリカ合衆国で形を現わした新しい種類の白色人種〔ヨーロッパ系移民同士の結婚によって生まれた白人のこと〕よりも必ずすぐれた存在になる可能性を秘めていた。というのも、アメリカの新しい白人はさまざまな人種的要素によって形成されるが、それらの要素は互いに類縁関係にあり、基本的にヨーロッパ系だからである。つまり、それらの人種的要素はかなり進化しているものの、帰化した土地に適応していないため、抵抗力を欠いているのである。それゆえ、モリナ・エンリケスは、以下のように、楽観的な予言を告げることができた。「メスティーソは、最後にはインディオたちを取り込み、クリオーリョならびに外国人居住者との融合を完成させ、固有の人種となるだろう。したがって、メスティーソという人種はまったく自由に発展を遂げるだろうし、そうなれば、彼らは北のアメリカ人との避けがたい衝突に抵抗を試みるだけでなく、その戦いに勝利を収めることにもなろう」。

とはいうものの、混血化を讃えた偉大な人物はモリナ・エンリケスではなく、同じメキシコ生まれのホセ・バスコンセロス（一八八一～一九五九年）である。『世界人』*La raza cósmica*（一九二五年）と『インディアス学、イベロアメリカ文化に関する一解釈』*Indología, una interpretación de la cultura iberoamericana*（一九二六年）のなかで、情熱家で夢想家の哲学者バスコンセロスは、ダーウィンやスペンサーに対抗してメンデル〔一八二二～八四年、オーストリアの植物学者〕を引き合いに出し、遺伝子の交配はすべての種を改良し、それには人間という種も含まれると主張した。バスコンセロスによれば、現状を維持しつづけようとする人は現実には衰退へ向かう。したがって、混血化は「世界の希望」であり、また、数々の人種が絶えまなく交錯したラテンアメリカが人類に向かって説かなければならない福音でもあった。形成過程のラテンアメリカ人は人種の坩堝のようなものであり、他のすべての人種は例外なく、その坩堝のなかで混じりあうことを運命づけられている。「運命は、ラテンアメリカに生きる人種が個別に存在しつづけることではなく、それぞれの血を混じり合わせることを望んでいる。混血から生まれるもの、つまり、インディオと白人の混血であるメスティーソや白人と黒人の混血であるムラートは、それぞれ、現在知られているすべての人種に取ってかわる新しい人類の始祖の胚となるのである」。ゴビノー〔伯爵、ジョゼフ・アルテュール、一八一六〜八二年、フランスの外交官。『人種の不平等に関するエッセー』で知られる〕と同じように、バスコンセロスも、人種は融合する傾向にあると考えた。しかし、ゴビノーにとって、人種の融合は人間という種を破滅へ導くが、バスコンセロスにとっては、人間を完成の域へ高めることになる。五番目の最後の人種、つまり「世界人は、過去に存在したあらゆる人種がつくりだす結実であり、また、過去をすべて乗り越えた存在」でもあり、熱帯アメリカを中心として普遍的な文明を築き上げるのである。「世界人」の出現は歴史の最高段階、つまり、万人が美しいものを眺めながら意思の疎通を図るような、精神的もしくは審美的な段階への移行を示している。

それでも、消えやらぬ障害が一つあった。つまり、クリオーリョとインディオの混血によって、国民となるはずの人種が誕生したとしても、その外面的体質《フエノタイプ》に、多少薄れても、インディオの身体的特徴が一部、発現するに違いないと考えられたのである。しかし、白人という人種が進歩を具現した時代、そして、ヨーロッパを〔近代化の〕モデルと見なした国々では、その予測はとうてい容認できるものではなかった。したがって、混血化を認める必然性と、混血化を通じて白人国家を創造しようとする公然たる意図との間には、矛盾があった。ピメンテルはその矛盾を看過しなかった。つまり、彼はその矛盾を次のように、情熱をこめて明確に説明すると同時に、解消した。「しかし、なかには一部、インディオと白人の混血は中途半端な人種、中間的な人種を生み出すのではないかと言う人もいるだろうから、それに答えることにしよう。中間的な人種は過渡的な人種であり、言い換えれば、世界中は瞬く間に白くなるのである」と。つまり、ピメンテルによれば、インディオの身体的特徴は薄れていくが、クリオーリョの身体的特徴は濃くなる。したがって、わずか数世代での混血化を通じて、すべての人びとからインディオの身体的な特徴が消失し、クリオーリョの身体的特徴が支配的になるというわけである。〔メキシコの〕ビセンテ・リバ・パラシオ（一八三二～九六年）は、「形質の遺伝における白人優位の法則」を科学的に裏づけようとした。彼によれば、インディオには、クリオーリョと異なり、犬歯がない。そのかわり、インディオには、前臼歯がある。しかし、メスティーソには例外なく犬歯がある。同じく、メスティーソは必ず毛深いが、インディオには、まったく体毛がない。リバ・パラシオは、メキシコにおいてメスティーソからインディオの生物学的な特徴が消え去り、メスティーソが完全に「白くなる」には一〇〇年もしくは二〇〇年かかるだろうと計算した。そして、その過渡期が終わるころには、メキシコ人は例外なく、ヨーロッパ人と変わらなくなり、メキシコ人の祖先が先住民であることなど、分からなくなる。すなわち、イタリア人がスペイン人やドイツ人と区別される場合と同様、一部の細かい点からしか、国民としてのメキシコ人は他の白人系の国民とは区別されなくなるのである。

メキシコでは、人種主義的インディヘニスモが、一九一〇年の革命にいたるまで国家主義的な思想を全般的に支配したが、南アメリカの一部の国では、状況は異なり、土着化したダーウィニズムが長い間幅を利かせた。たとえば、先住民人口がきわめて希薄なアルゼンチンでは、混血化は拒絶された。しかし、だからといって、アルゼンチンが「建国の父」であるフワン・バウティスタ・アルベルディ〔一八一〇〜八四年、政治家〕やドミンゴ・ファウスティーノ・サルミエント〔一八一一〜八八年、政治家で大統領、文筆家としても著名〕の示した展望に立って、国家へ変貌する機会を危うくすることはなかった。しかし、インディオの存在がはるかに鮮明な国々は、アルゼンチンと同じように混血化を拒否したばかりに、国民の未来をことごとく放棄し、事実上、進歩から取り残されることになった。その結果、二十世紀に入るとすぐ、ベネズエラのセサル・スメタ〔一八六三〜一九五五年〕の『病める大陸』*El continente enfermo* やボリビアのアルシデス・アルゲダス〔一八七九〜一九四六年〕の『病める民』*Pueblo enfermo* のような、たいていの場合、意味深長な題名のもと、絶望的な悲観主義が漂う一連の随筆が著わされた。それらの国々では、混血化以外に、救いはなかったのである。

II　文化主義

ヨーロッパがラテンアメリカを魅了した時代は、第一次世界大戦とともに幕を閉じた。そして、十九世紀を通じてヨーロッパ人が世界の他の地域に提示したか、もしくは、押しつけたモデルは模範としての価値を喪失した。しかも、ヨーロッパ人自身、シュペングラー〔オズヴァルド、一八八〇〜一九三六年、ドイツの歴史哲学者〕が記したように、西欧が没落していることを認識し、また、大西洋の向こう側で広く読まれている数々の作品を通じて、ヨーロッパ文明が滅亡すべき運命にあることを悟った。たとえば、メキシコでは、マヌエル・ガミオ（一八八三〜一九六〇年）が『祖国を創出して』*Forjando patria*（一九一六年）と題する作品を著わし、異国的なものの盲目的な模倣が失敗に帰したことを認めた。ラテンアメリカ諸国がヨーロッパに倣おうとして払った努力はことごとく、国をまがいものの国家にしてしまったのである。そのような不毛な模倣に対する批判は、メキシコが乗り出した革命が、当時まだ進歩と呼ばれていたもの、そして、その後間もなく近代性という言葉で示されるものへ向かう、まさにラテンアメリカ的な道をつけると思われただけに、いっそう正鵠を射ていた。要するに、一九一〇年代以降、ラテンアメリカは、他でもない自分自身のなかに正真正銘の自己のアイデンティティを探し求めるため、自分の殻に閉じこもる傾向にあった。

そうして、先住民の過去への回帰が起こり、彼らの過去は再発見され、取り戻された。科学的学問として成立しはじめた考古学によって、先住民の過去がますます古い年代へ遡るものになった。メキシコ革命期にガミオがテオティワカンで、三〇年代にアルフォンソ・カソ（一八九八〜一九七〇年）がモンテ・アルバンで、さらに同じ頃、ペルー人のフリオ・セサル・テリョ（一八八〇〜一九四七年）がアンデスのチャビンで、数々の遺跡を発掘したが、それらの遺跡は国家の手で——修復というよりも——復元され、国家はその遺跡を国有財産とし、人びとに先住民の偉大さを映し出す鏡のなかに自己を見つめるよう呼びかけた。つまり、考古学者たちが研究対象とした遺跡の調査結果は大学の講義室を越えて広まり、政治的な意味を獲得し、思想的な内容を帯びることになったのである。

とはいえ、かつてやや距離を置いて解釈された先住民の過去が完全に忘却されることはけっしてなかった。一八八〇年、マヌエル・オロスコ・イ・ベッラ〔一八一八〜八一年、メキシコ市生まれの歴史家〕は、学術的な『メキシコ古代史および征服史』*Historia antigua y de la conquista de México* と題する作品を世に問うた。作品はメキシコの古代文化をそれぞれの構成要素に細かく分けて説明したもので、それぞれの要素は普遍的なカテゴリーに分類され、あらゆる人類社会の発展を律する普遍的な法則に従って説き明かされた。その結果、アステカ人は、「なかば野蛮」という発展段階に位置づけられた諸民族に認められる典型的な特徴をあますところなく備えた、いまひとつの代表的な民族とされた。そうして、アステカ人は、綿密に分析された結果、後世の人びとがその遺産を自分たちのものとして取り戻すことのできない「死せる民」と見なされたのである。

一方、ガミオは『テオティワカン盆地の人びと』*La población del valle de Teotihuacán*（一九二二年）で、オロスコ・イ・ベッラとはまったく異なる見解を開陳した。まず、ガミオは古代メキシコ人を人類のある発展段階に位置づけて他の民族集団と比較しようとはしなかった。彼はニューヨークのコロンビア大学で人類学者フランツ・ボアズ〔一八五八年〜一九四二年、アメリカの歴史主義人類学の創始者〕から学んだ「歴史的個別主義」に従って、オロスコ・イ・ベッラとは逆に、古代メキシコ人の文化の特徴を再検討し、文化は本来比較できるものではないと主張した。そののち、ガミオは、古代メキシコ人の文化がアステカ文化よりはるか以前に遡るものであることと、アステカ人がその古代文化を受け継いだ後代の人びとであることを証明した。古代メキシコ文化は微かだが、石器時代にまで、その起源を遡ることのできる悠久の歴史をもち、その歴史の目安となるのは、基本的には、農業の発明、都市の出現と国家の形成であった。要するに、ガミオの指摘するところによれば、遥か遠い時代にしっかりと根を下ろした古代メキシコ文化の伝統は、ヨーロッパ人の征服に耐えて生きのび、スペイン支配下で密かに命脈を保ち、現在でもインディオの間に生きつづけている。ガミオは、古代メキシコ文化の稀有な継続性を示す一例としてインディオの宗教思想を挙げるが、まさしく彼らの宗教思想は、カトリック教の装いをまとっているが、先コロンブス期の祖先の考えとまったく変わらないのである。

したがって、ラテンアメリカの歴史は、ヨーロッパ人の到来とともに始まったわけでもなければ、アステカ人やインカ人の出現を嚆矢とするのでもなく、数千年も過去に遡り、そして、インディオはその横糸を編んできた名も知れぬ職人なのである。その糸は繰りかえし、数々の出来事によって断ち切られ、そのたびにインディオは糸を結びなおし、その結果、彼らの間に、際立った一体感が生まれた。クリオーリョとメスティーソは、いったんインディオの築いた歴史的所産を完全に受け入れたら、それに自己を同一化しなければならないと考えられた。そうして、異国的なものと見なされてきた先住民文化が、実際上、ラテンアメリカ諸国に固有な、そして、ラテンアメリカ諸国を外国から区別する唯一の要素として現われた。しかも、ペルーのビクトル・ラウル・アヤ・デ・ラ・トッレ（一八九五～一九七九年）は、当時少なからざる支持を得ていたのだが、この地域一帯を指すのに、「イベロアメリカ」とか「ラテンアメリカ」という呼称に代わって、「インドアメリカ」という名称を用いるよう提案した。

インディオは、ラテンアメリカがつねに嫌悪、もしくは、隠蔽したみずからの顔であり、さもなければ、いずれにせよ、ラテンアメリカが過小評価した自分自身の顔である。しかし、モイセス・サエンス（一八八八～一九四一年）が指摘したように、インディオは「わたしたちの肉であり骨」である。ラテンアメリカ人はインディオのなかに自己を認識し、インディオを自己の本質的な一部として組み入れたときはじめて、国民としての意識を手にすることになる。インディオを組み入れるのは、なにも彼らをヨーロッパ化することを意味しない。サエンスは『完璧なメキシコ』*México íntegro*（一九三九年）を求めて、インディオをメキシコという家族のなかに加えなければならないとしても、メキシコを先住民という家族のなかに加えることも同時に必要だと断言した。しかし、彼もまた、非インディオ系の人びとをインディオ化することについては問題にしなかった。サエンスはこう明言する。「わたしは、インディオをインディオとして守ろうとする感傷的な人びとの集団に属しているのではない。わたしは、メキシコをインディオ的なものにしようと試みる人たちのロマンティックで子供じみた幻想を共有しているわけでもない。また、わたしは、観光客のためにインディオに一風変わった趣を維持させるつもりもない」と。サエンスが望んだのは、国民文化となりうるような、これまでにはなかった、そして、独創性豊かな文化の創出が実現できるよう、インディオの伝統とヨーロッパの伝統を組み合わせることであった。彼は言う。「先住民の血に忠実な文化、しかも、西欧がもたらした恵みによって豊かになった文化を築きあげたとき、わたしたちは、このわれらが大地に、インディオ的でラテン的な文化のモデルを生み出す奇跡を実現できるだろう」と。ガミオも、インディオ的かつラテン的な文明は「その偉大な価値により、世界の人びとを驚嘆させるだろう」と予想した。

十九世紀の人種主義的インディヘニスモと比較すると、インディオ問題と国家の問題に対する文化主義的インディヘニスモの取り組み方は違った。つまり、文化主義的インディヘニスモにおいては、人類を区分する重要な要素は、人種的性格ではなく、文化的特徴であるという新しいパラダイムに従って、インディオは理解された。すでに一九〇四年、ホセ・ロペス・ポルティーリョ・イ・ロハス〔一八五〇〜一九二三年、メキシコの小説家〕は、スペンサーの影響をかなり強く受けた研究書『先住民族』*La raza indígena* と題する作品を著わし、その巻末で、個人は文明を共有する人種に属するという結論を導いていた。ガミオは、インディオのような暮らしを送り、インディオの言葉も喋るが、血は明らかに純粋な白人の例を出して、人種を区別する規準にあっては、インディオであることが悪意をもって差別されていることを証明した。同じくサエンスも、先住民のなかで、社会的かつ知的な環境を変え、都市へ移住する人びとがもはやインディオという自己認識をもたず、インディオと見なされることもないという事実に注目して、人種を区別する規準には、根拠がないと指摘した。その結果、カソは、他者に映る文化の姿や、内部で感じられる文化の姿に基づいて、「インディオであること」に関する現象学的な定義を下すことになった。つまり、カソによれば、「インディオとは、土着の共同体、換言すれば、非ヨーロッパ人的な身体的特徴が支配的な共同体に属していると自覚し、好んで先住民語を口にし、その物質的かつ精神的な文化のなかに、かなりな割合で先住民的要素が含まれるような人のことであり、とどのつまり、自分たちのことを、周囲の他の集団から孤立した集団を形成し、白人やメスティーソの集団とは異なるという社会的な認識を抱いている人のことである」。

混血化は、相変わらず、国家的問題の解決策のように見なされつづけたが、その概念は変化した。ガミオが、しばらくの間、国家を建設するうえで満たさなければならない条件の一つに、人種の融合を位置づけたときでさえ、混血化という言葉は、もはや人種の融合ではなく、文化の融合を意味した。血の混じり合いという当初の意味を失ったとき、混血化は「文化変容」という意味を帯びた。文化変容は、［メキシコの文化人類学者］ゴンサロ・アギレ・ベルトラン（一九〇八〜九五年）が『文化変容のプロセス』*El proceso de aculturación*（一九五七年）で明らかにした重要な概念であり、それは、原則として補完しあうと認められたインディオ文化と西欧文化が相互に浸透し、互いに貸借関係を保ちながら、次第にその差異を少なくし、最終的にはただ一つの同じ文化へ収斂していく過程であると定義づけられた。つまり、インディオ文化と西欧文化は同等視され、いずれの文化にも、優位性は与えられなかった。しかし、インディヘニスタは一致して、インディオ文化には、科学および技術に関する知識がかなり乏しいことと、その結果、先住民が貧しく、不安定な生活を送っていることを認めた。カソは自著の『インディヘニスモ』*Indigenismo*（一九五八年）のなかで、文化変容の目的はまさしく、「先住民文化のもつ古くさくて欠陥だらけの、そして、たいていの場合、有害な数々の特徴を」、とりわけ、経済と保健衛生の面で、「個人と集団が暮らしていくのにこの上なく有益な特徴へ変える」ことにあると記した。

しかし、文化変容は一方的に機能してはならなかった。インディオに資することを目的に実施される西欧技術の移転には、同時に、それとは逆の移転、すなわち、クリオーリョ文化およびメスティーソ文化へのインディオ文化の転移も行なわれるべきだと考えられた。インディヘニスタはインディオ文化のなかに、彼らが建設的で、社会全体に広がるにふさわしいと判断したさまざまな要素の存在を確認した。すなわち、彼らに備わった集団としての団結能力、ものごとの知覚方法や認識方法、それに、異口同音にその素晴らしさが高く評価される芸術作品に描かれた彼らの存在様式などである。すなわち、ヨーロッパが黒人の芸術に熱狂していた頃、ちょうどラテンアメリカはインディオの芸術に美的価値を発見したのである。インディヘニスモは、インディオの芸術こそ、正真正銘の国民芸術の源になりうる唯一のものだと指摘した。

文化変容のプロセスで、教育は重要な役割を担うことになった。インディオに白人と同等の知的能力が備わっているのが知られると、人種主義的なインディヘニスタたちは、当初、インディオに教育を授けることができるのを認めたが、なかには、ピメンテルのように、教育は二つの人種を分け隔てる無理解と憎悪の壁を無理やり破壊することになると考えた人たちもいた。そのような人たちは、インディオを白人と同等視して彼らに教育を授けると、被征服民族であるインディオは数世紀にわたって征服者から受けた数知れない侮辱に対して復讐することになりはしまいかと恐れた。また、インディオと白人の社会的接近だけを目的に、両人種間の結婚を奨励し、間接的に生物学的な融合を促進するため、教育を強く推奨する人たちもいた。それとは逆に、文化主義は教育を文化的混血化の重要な手段と見なした。あらゆる人種決定論から解き放たれれば、インディオは教育によって自己形成を実践し、完全に変容することができる。そのように、文化主義者は、教育にこのうえない影響力を認めたのである。

文化主義的な思想は、メキシコ革命と密接に結びつき、その結果、ラテンアメリカ全域へ流布したが、そのときでも、十九世紀との決別は決定的なものではなかった。文化主義的インディヘニスモは学術性を追及したため、また同時に、政治的かつ社会的な活動をめぐって学問的な省察を行なうことに関心を寄せたため、ラテンアメリカにおける実証主義の伝統を存続させることになった。確かに、文化主義的インディヘニスモは、インディオの現実と国家の現実に関するいわば学問的な分析に基づいて構築され、インディヘニスタは、大半がアメリカ合衆国で学んだ人類学の成果を貪欲に取り込んでいた。その人類学は、ロバート・レッドフィールド〔一八九七〜一九五八年、アメリカの文化人類学者〕に代表される北アメリカの一部の大学教授が行なった研究を継承してラテンアメリカで発展したものであった。結局、文化主義的インディヘニスモは、政府機関や汎米的な組織、それに国際連合などの機構が、一九七〇年代にいたるまでラテンアメリカ全域でインディオに適用することになる政策の構想、立案と実施に決定的な影響を及ぼしたのである。

Ⅲ　マルクス主義

ラテンアメリカにおいてマルクスは十九世紀以来知られていたが、ラテンアメリカのマルクス主義が実際に飛躍を遂げるのは一九一七年のロシア革命以後のことで、革命の影響を受けた結果であった。一九一七年以前、社会体制への全面的な異議申し立ては「ユートピア的」社会主義の教条と結びつき、やがてすすんでアナルコ・サンディカリズム〔労働組合運動にアナーキストが合流し、労働者による生産管理の実現を目指す主義〕の思想を取り入れた。したがって、「ユートピア的」社会主義者とアナルコ・サンディカリストはたいてい、インディオを、一様に抑圧されている「人民」、あるいは、「無産者階級」の一員と変わらない存在と見なす傾向にあり、インディオの置かれている状況の固有な特徴をけっして認めなかった。

しかし、その後、マルクス主義的インディヘニスモが誕生することになり、その基盤を築いたのは〔ペルーの〕絶対自由主義者のマヌエル・ゴンサレス・プラダ（一八四八〜一九一八年）である。彼は、ペルーがチリとの戦争で喫した屈辱的な敗北に思いを巡らし、敗戦の原因を、インディオにまったく愛国精神が欠如していたことに求めた。インディオは依然として大土地所有者によって隷属状態に置かれ、その結果、他の人びとから排除されている。また、その隷属状態が妨げとなって、不可触賎民の身分に貶められた先住民大衆は、一つの国に属しているという意識を抱くにいたっていない。そのため、〔インディオにとり〕ペルーは単なる「居住地」にすぎず、ペルーが一つの国家となるためには、インディオが解放されること、そして、インディオが従属させられている土地権力者を打倒することが不可欠である。インディオ問題はけっして人種問題ではない。なおのこと、インディオ問題は教育にその解決策を見出せるような文化的問題でもない。それは本質的には、経済的かつ社会的な問題である。以上が、ゴンサレス・プラダが国家の問題について熟慮した結果、一九〇四年に到達した結論であった。

ホセ・カルロス・マリアテギ（一八九四～一九〇三年）は、同国人ゴンサレス・プラダが導いた結論から出発して自論を展開した。その代表的な著作『ペルーの現実に関する解釈の七つの試論』*Siete ensayos de interpretación de la realidad peruana*（一九二八年）〔原田金一郎訳、柘植書房、一九八八年〕のなかで、マリアテギもまた、こう主張した。「先住民問題はわが国の経済に起因している。問題の根は土地所有制度にある。大土地所有という封建制が残存するかぎり、行政的もしくは警察的な手段、教育あるいは道路建設を通じて、先住民問題を解決しようとしても、その試みはことごとく、無益な、あるいは、二次的なものに終わるだろう」と。植民地時代以降拡大しつづける土地所有について研究したマリアテギによれば、土地の生産性の低さが〔経済的〕停滞の要因のひとつであった。インディオは搾取から逃れられないため、貧しくなり、苦しみに喘いでいるが、その搾取によって、国家も貧しくなり、圧迫されているのである。インディオは肩に重くのしかかる抑圧の所為で、卑屈な人間になり、労働者としても役に立たなくなった。インディオは自由にその活力を行使できるようになってはじめて、近代経済がすべての個人に求める、生産者であると同時に消費者という身分を手にすることになる。要するに、〔マリアテギによれば〕インディオは、生産の「封建的な」社会関係から解き放たれなければ、進歩に寄与することもなく、ペルーも「形成途上の国家」でありつづけるだろう。

マルクス主義的インディヘニスモの見解が文化主義的インディヘニスモの主張と分かれる点は、はっきりしている。つまり、文化主義者によれば、インディオは近代的な生活の中心部〔都市〕から外れて暮らす孤立した集団であり、彼らが順次近代化するためには、中心部と接触させる必要がある。文化主義者はインディオ問題の経済的側面を無視はしなかったが、より効率的な新しい技術の普及と市場への統合によって、経済問題を処理しようとした。また、彼らはインディオをクリオーリョやメスティーソと結びつけていた支配と従属の関係を無視したわけでもない。とはいえ、かなりあとのことになるが、アギレ・ベルトランは『避難地域』*Regiones de refugio*（一九六七年）を著わして、あえてその問題に取り組み、ラテンアメリカに現存する支配と従属の関係を消えゆく植民地時代の過去の名残りととらえ、さほど重視しなかった。それとは逆に、マルクス主義者は、支配と従属の関係を、結局のところ、確かに時代錯誤的ではあるが、けっして消滅することがないと考えられる社会構造を特徴づけるものと見なした。他方、マリアテギは、大土地所有者が外国資本に支えられて権力を固め、維持していく様子を明らかにした。そのように封建主義と帝国主義が結びついたことで、マリアテギは、ラテンアメリカを「半封建的」で「半植民地的な」地域と名づけた。封建主義と帝国主義の結びつきは、中産階級の誕生を妨げ、国家資本主義の発展を阻害した。したがって、中産階級が民主主義的な方法に基づいて社会主義へ移行することなど、できない相談であった。社会主義は必然的に革命的な分裂から生まれるからである。そして、その分裂を引き起こすのがプロレタリアートの役割をかわって担う人びと、すなわちインディオなのである。

マルクス主義的インディヘニスモはインカ人に魅了されたが、それは容易に理解できる。アンデスの古代文明に関する見解は、インカ・ガルシラソ・デ・ラ・ベガから連綿と受け継がれ、インカ人を完成された共産主義の始祖と見なす解釈に集約された。ボリビアのトゥリスタン・マロフ（グスタボ・ナバッロの筆名、一八九八～一九七九年）は、『インカの正義』*La justicia del Inca*（一九二六年）のなかで次のように強調した。すなわち、インカは「豊かさに浸る国を作り出した。インカの法律は厳格で容赦がなかったが、公正なものであった。経済活動は見事なまでに整備され、規制されていた。豊作の年の収穫で、凶年の不作を凌ぐことができた。収穫したものは慎重に分配され、国家は整然とした体制を管理していた。……すべての人が生活に必要な最低限のものを所有し、各自、幸福な生活に浸っていた。犯罪は知られておらず、帝国に暮らしていた人びとは例外なく、名誉という感情を抱いていた。彼らの犯した罪はただひとつ、怠惰である」と。マリアテギはそのような牧歌的な解釈に大いに共鳴したが、それでも、自論を披瀝するとき、はるかに控え目な言葉を用いた。一方、その牧歌的な解釈により、ラテンアメリカ、より正確に言えば、アンデスは、マリアテギが指摘するとおり、世界史上、最も進んだ原始共産主義的な組織が誕生した場所と見なされた。他方、マロフが主張したように、牧歌的な解釈に基づいて、独特な様式と傾向を兼備したラテンアメリカ型の共産主義が生まれた。そうして、その独特な共産主義は、ラテンアメリカのマルクス主義者にしばしば浴びせられた批判、つまり、彼らはラテンアメリカの本質とは両立しない異国趣味的な思想を広めているという批判に間接的に応えたのである。

言うまでもなく、未来は過去への回帰ではなかった。しかし、原始共産主義は、「科学的」社会主義とはいっさい関係がなかったが、「科学的」社会主義へ導かれる可能性を秘めていた。原始共産主義が歴史のあらゆる有為転変を生きながらえ、先住民共同体のなかに身をひそめ、そして、いまだ稀に見るほどの生命力を明示している場合はなおのこと、その可能性は高かった。ペルーのヒルデブランド・カストロ・ポソ（一八九〇〜一九四五年）は、マリアテギの影響を強く受けた『われらが先住民共同体』*Nuestra comunidad indígena*（一九二四年）や、その後に著わした『アイユから社会主義的協同組合主義へ』*Del ayllu al corporatismo socialista*（一九三六年）のなかで、先コロンブス期のアイユが〔植民地時代を経て独立したのちも〕存続しつづけることになった共同体制度の機能を分析した。〔カストロ・ポソによれば〕大農園による絶え間ない侵略も自由主義的な農地法も、共有地のなかで競争と協力の原理に基づく生産体制を築き上げた〔アイユと呼ばれる〕社会的単位を破壊できなかった。共同体が存続したことは、インディオがもって生まれて共産主義へ向かう性向を備えているあかしであった。同じく、共同体が存続した事実は、アイユという制度の素晴らしい順応性も証明した。つまり、共同体は抵抗力のみならず、発展する力、それゆえ、近代化する力も備えていたのである。カストロ・ポソはその一例として、生産、消費、および融資を行なう協同組合へ自然発生的に変容した共同体ムキヤウヨを取り上げた。ムキヤウヨの例を広く一般化するのは不可能なことではなかった。協同組合的性格を帯びた近代的な制度の枠組みに、農業共産主義という、先住民の古い伝統を当てはめ、先住民大衆の意識に新しい思想的内容を吹き込むだけでこと足りたからである。つまり、カストロ・ポソによれば、協同組合主義、すなわち「マルクス的精神で蘇ったアイユ」は、ラテンアメリカ独自の社会主義を生み出すことになるのである。

以上のような考えはことごとく、一九二〇年代末頃、ラテンアメリカの共産党を支配下に置こうとした第三インターナショナル〔コミンテルン、一九一九年にモスクワで結成された国際的な共産主義的労働者組織〕には、ほとんど正統性を欠いていると思われた。一九二九年にブエノスアイレスで開催されたラテンアメリカ共産党会議では、民族意識を抑圧されたインディオたちが、それを取り戻すために行なっている闘争を、とくに反帝国主義闘争のなかに含むべきかどうかが検討された。そして、コミンテルンの代表たちは、革命が勃発すれば、さまざまな国を分かつ境界線がいやおうなく改められ、インディオの共和国が誕生することになると主張した。彼らの意見は、誰にもまして国家主義者である対話者〔ラテンアメリカの共産主義者〕たちにとっては、とうてい容認しがたいものであった。というのも、彼らは、なによりもまず、社会主義を国家建設の最も手っ取り早い確実な手段と見なしていたからである。なかには、スターリンが下した定義にならって、国民とは、単に同じ領土に住み、歴史、言葉や文化を共有する人びとの集合体にとどまらず、「市場」のようなものでもあると主張した人たちもいた。したがって、インディオは国内市場を形成していないので、国民として認められなかった。一方、マリアテギの断言するところによれば、インディオは被搾取者階級を構成する存在にすぎなかった。彼は、ラデック〔カルル・ベルガルドヴィチ、本名はカール・ソベルゾーン、一八八五〜一九三九年、ウクライナ生まれの革命家〕やルクセンブルグ〔ローザ、一八七一〜一九一九年、ロシア領ポーランド生まれの社会主義者、婦人革命運動家〕がかつて提唱した見解を再び取り上げて、インディオの民族意識を認めるのはブルジョア国家を建設するのに等しく、結果として革命を遅延させるにすぎないと論じた。コミンテルンは、一時的にせよ、国民としてのインディオの解放をラテンアメリカの共産党の公式な計画に上程させるのに成功した。しかし、コミンテルンは、マルクス主義的インディヘニスモの代弁者たちを自分たちの立場に同調させることができなかった。

とはいえ、メキシコのビセンテ・ロンバルド・トレダーノ（一八九四〜一九六八年）は、ソビエト連邦が自国の民族問題を解決するのに用いた方法に強い感銘を受け、自著『未来の世界への旅』*Un viaje al mundo del porvenir*（一九三六年）のなかで、その方法を「天才的」と評価した。しかし、彼は、その方法に感銘を受けたとしても、——もちろんやや躊躇してのことだが——メキシコを多民族国家と規定するのに拒否反応を示した。ロンバルド・トレダーノの目には、国民であることを示しうる唯一のインディオは、ユカタン半島に住むマヤ系のインディオであった。しかし、彼は、ユカタンの地方分権主義が〔マヤ系〕先住民に対する国民としての権利の復活よりも、クリオーリョの寡頭支配の利害を表明したものであるのに気づいていた。ロンバルド・トレダーノによれば、インディオたちは、地方自治体の境界とエスニック集団の境界を一致させるような行政改革を通じて、インディオたちは、彼らが人口の圧倒的な多数を占める土地で権力を行使できる。彼はスペイン語の普及を不可欠と考えたが、その教育は、音声表記体系が定められた土着語をもって実行されなければならない。ロンバルド・トレダーノの考えるところでは、カスティーリャ語〔スペイン語〕化は、インディオに威厳と誇りを取り戻させるはずの先住民文化の再評価と両立しないものではなかった。しかし、彼は、インディオ問題の本当の解決策はプロレタリアートを生み出す工業化にあると信じた。ロンバルド・トレダーノは、農民生活の改善というインディヘニスモに支配的な傾向から距離を置き、先住民の居住地域へ工業の大規模な中心施設を進出させることを推奨し、そうすれば、ソビエトのコーカサス地方のように、先住民たちが地方の資源を開発し加工することになると考えた。工業の中心地は農村からインディオを引き寄せ、彼らをプロレタリアートとし、革命精神を目覚めさせることになるのである。

マルクス主義的インディヘニスモは、南アメリカでは、正面から文化主義を攻撃したが、一方、メキシコでは、革命が勃発したため、また、その結果、農地改革が実行されたこともあって、一般的に消極的な批判を行なうにとどまった。ガミオの思想が文化主義的インディヘニスモの象徴となったのと同じように、マリアテギの思想もマルクス的インディヘニスモの象徴となった。しかし、マリアテギの思想は、毛沢東理論との一致点が明らかになった一九六〇年代以降、実際上、ペルー以外では普及しなかった。

Ⅳ　風土主義

国民形成を自然の力のなせるわざと認め、もともと自然の力が生み出したものであり、その力に従って暮らしているインディオこそ、この上ない真の国民であると見なす、インディヘニスモの幅広い動きは、テルリスモ、すなわち、風土主義と名づけられる。その動きはアンデス諸国に端を発し、以後、南アメリカ、さらにメキシコへと広がった。メキシコでは、アルフォンソ・レイエス〔一八八九〜一九五九年、文学者、教育者〕が、アナワックという自然環境を通じて、現在のメキシコ人はアステカ人に対し、同時代の他民族よりも深い親近感を抱いていると記した。科学的というより、文学的もしくは哲学的な意図のもとに書かれた論考が、風土主義的インディヘニスモと関係する数々の主題をとくに伝達する手段となり、それらの主題をめぐって、インディヘニスタたちは数多くのさまざまな作品を生み出した。風土主義的インディヘニスモが取り上げた主題の一つに、おそらく中心的な位置を占めるテーマだが、生物的、あるいは、文化的な混血化は有害とは言わないまでも、無益であり、それとは逆に、アメリカの大地の精髄が吹き込まれたインディオの精神をクリオーリョやメスティーソのなかに呼び覚まさなければならないというものがあった。

ボリビアのフランツ・タマーヨ（一八九七〜一九五六年）によれば、人間は樹木と同じように、生活環境に依存している。人間を環境と結びつけているのは、なにも人間が利用する動物、植物や鉱物に限らず、人間が吸う空気、口にする水、あるいは、身体を温める太陽もしかりである。それは大地から湧き出るエネルギー、大地が人間に伝え、人間が意思に変化させるエネルギーである。大地は、同じ土地に暮らしているエスニック集団や人種を一つにまとめるような力を発揮する。大地は彼らに、共通する特徴と、ただ一つの意思、要するに、国民としての性格を授ける。したがって、領土内に白人とメスティーソと先住民が共存しているという理由から、ボリビアは絶対にひとつの国家にはならないと主張する人びとは間違っている。すでに、ボリビアという国はインディオの心のなかに存在し、インディオはそのエネルギーを蓄えているのである。それゆえ、白人とメスティーソがアンデスの感応力を受け入れ、そして、アンデスという環境のなかで先住民大衆が自然に身につけた諸々の価値観を、白人とメスティーソが内面化すれば、そのとき、国家は完全な形で実現される。その目的を叶えるため、タマーヨは『国民教育の創出』*Creación de una pedagogía nacional*（一九一〇年）のなかで、ヨーロッパから持ち込まれた教育制度、つまり、インディオのヨーロッパ化に固執する教育制度を廃止し、非インディオ系の人びとを「アンデス化する」のに適した別の教育制度の運用を要求した。

いまひとりのボリビア人ハイメ・メンドサ（一八七四〜一九三九年）は『ボリビアの山塊』*El macizo boliviano*（一九三五年）で、また、アルゼンチンのリカルド・ロハス（一八八二〜一九五七年）は『銀の紋章』*Blasón de plata*（一九一〇年）を嚆矢とする一連の未完成な作品で、それぞれ、土地の気風《ゲニウス・ロウキ》に、タマーヨが主張するのと同じ力があるのを認めた。ロハスは、アルゼンチンをネオヨーロッパ的な国と見なす、同国人にもてはやされた幻想を振り払おうとした。彼によると、集団心理を形づくる「自然の永遠なる力」によって、スペイン、イタリア、あるいは、ドイツからの移住者たちは国民の一員であるという印象を抱いている。つまり、インディオは肉体的に絶滅しても、彼らを育んだ土地へ舞い戻り、新しく到来する人びとの心のなかに蘇るのである。ロハスは言う。「インディオの姿は永久に消え去ったが、彼らに生命を吹き込んだ精神は、風景が喚起する情動のなかに永遠に刻まれ、彼らがかつて暮らした山や平原の上を漂い、わたしたちの心を掻きたてる愛国心となって燃え上がり、しかも、わたしたちが実行する兄弟愛の理想のなかで、ますます貴重なものになった」と。つまり、土地は、そこに暮らしている人びとと、以後世代をついで、同じ土地で生活を送る人びととの間に、精神的な親族関係の絆を築くのである。土地はひとつの情動、つまり、共有する感情を醸成し、それが国民性の本来の基盤となる。したがって、〔ロハスによれば〕「アルゼンチンの国民性」が見出せるのは、インディオがアルゼンチンに暮らした最初の住民として、かつて経験したその「土地が喚起する情動」においてのことである。

ペルーでは、ルイス・バルカセル（一八九三〜一九八七年）が『アンデスの嵐』*Tempestad en los Andes*（一九二七年）のなかで、そして、ホセ・ウリエル・ガルシア（一八八九〜一九六五年）が『新しいインディオ』*El nuevo indio*（一九三〇年）のなかで、それぞれ独自の方法で、アンデス山脈が国民の脊椎になると主張した。バルカセルは、アンデスの大地の力を身につけたインディオ大衆を通じて、クリオーリョの多い海岸部の民族的な浄化を夢みた。ウリエル・ガルシアは、バルカセルほど、その文体に煌《きら》めきはないが、「ペルーの国民性」を創出するために、沿岸部に住む人びとをもっぱら精神的にアンデス化することを推奨した。リマでは、地方の出身者が創刊した雑誌『山』*La Sierra* が、海岸部と山岳部という、対立する二つの地方を照らし合わせた。〔それによると〕アンデス山脈は、ペルーの男性的で凛々しい、永続的な一面を示す一方、海岸部は、女性的で取るに足りない、異国趣味的な様相を呈している。〔海岸部に位置する〕リマは、あらゆる外国製品が浸透するよう開かれているが、一方、インディオの住む山岳部は、国民的伝統のなかに閉じこもり、それを執拗に守っているのである。そのようにアンデス的なものを讃える背景には、明らかに、見捨てられた地方への郷愁と同時に、内陸部を犠牲にして行なわれていると考えられた、海岸地方の近代化に対する懸念があった。

国民の形成は自然環境の産物であると見なす風土主義の中心思想は、「風景の魂」というシュペングラーの概念に類似しており、おそらくその概念に由来するものと考えられる。しかし、風土主義者たちがドイツ思想との間に築いた関係は、それだけにとどまらなかった。ボリビアを旅行中、ゲルマン系バルト人の哲学者ヘルマン・カイザーリング〔一八八〇〜一九四六年〕は、タマーヨの思想に魅了され、のちに『南アメリカでの瞑想』*Südamerikanische Meditationen*（一九三二年）を著わし、彼の思想を発展させた。彼には、アメリカはアンデスの頂上から、「天地創造の三日目に生まれた大陸」と映った。『創世記』によれば、その日、無機質なものから生命が解き放たれはじめた。「人間はそこでは大地、大地の純粋な力であった」と、カイザーリングは記している。彼によれば、インディオに固有の怠惰、無気力、無感覚、歴史に対する生来の無関心、それに、何かを期待するといった感情を認識するまでに至らない、うちにこもった陰鬱さ、それらはすべて、まったく無機的なものである。要するに、〔カイザーリングによれば〕インディオはまだ岩に張りついた女像柱《カリアテイッド》のようなものであり、必ずいつかはその土地の生命を吹き込まれた人間となる。したがって、彼らは目下、神に導かれ方向づけられた人間とは正反対の極を具現し、不変性を示しているのである。カイザーリングの作品は南アメリカで好評を博し、彼が心酔した風土主義的な思想を南アメリカで揺るぎないものとし、普及するのに大きく貢献した。

第三章　インディヘニスモの文学と芸術

十九世紀以来、ラテンアメリカでは、インテリ層のなかで、あるいは、マヌエル・イグナシオ・アルタミラーノ〔一八三四～九三年、メキシコの作家〕など、一部の著名人のサークルで、国民的な文学や芸術の創造への関心が生まれた。それは、ヨーロッパが圧倒的な力でその規範を確立した美学との決別を模索するのではなく、ラテンアメリカの歴史、地理、もしくは、社会的現実が提供する主題、それも、人びとの関心を自分の国へ引き寄せられるような主題を論じることを意味した。ブラジルのジョゼ・ダ・アレンカール〔一八二九～七七年〕が数々の小説に、ウルグァイのアレハンドロ・マガリーニョス・セルバンテス〔一八二五～九三年〕が『カラマルー』*Caramarú* で、エクワドルのフワン・レオン・メラ〔一八三二～九四年〕が『クマンダー』*Cumandá* で、それぞれ、インディオを登場させたのはそのような意図があってのことであった。『クマンダー』は明らかにシャトーブリアン〔一七六八～一八四八年、フランスの文学者、政治家〕の影響をかなり強く受けた作品であるが、その作品で正真正銘先住民のものと言えるのは登場人物の名前だけであった。絵画では、メキシコのホセ・マリア・オブレゴン〔一八三二～一九〇二年〕とロドリゴ・グティエレス〔一八四八～一九〇三年〕が、それぞれ、やや大仰な伝統的画風で『プルケの発明』*La invención del pulque* と『トラスカラの議会』*El senado de Tlaxcala* を描いた。その画風を通じて、先コロンブス期の過去に想を得たそれらの作品には、愛国的な意図が秘められているのが強く感じ取れる。音楽のジャンルでは、ペルーのホセ・マリア・バリェ・リエストラ〔一八五八～一九二五年〕がケチュア語の戯曲『オリャンタイ』*Ollantay* をヴェルディ風の歌劇に仕上げ、楽譜の間にわざと先住民起源の五音音階の楽曲を忍ばせた。

ラテンアメリカがヨーロッパ文学の決まりや芸術様式から解放されたのはそれからはるか後のことであり、それはインディヘニスモ運動の所産であった。

I　文学

衆目の一致するところでは、一八八九年にペルーの女性クロリンダ・マット・デ・トゥルネール（本名はグリマネサ・マルティナ・トッレス・ウサンディバラス、一八五二～一九〇九年）の発表した『巣のない鳥』*Aves sin nido* がインディヘニスモ文学の最初の作品である。確かに、その小説の真のテーマは、インディオ夫婦が地方を牛耳る少数の有力者に暗殺されたあと、残された二人の若者が繰り広げるメロドラマ的な物語ではなく、また、孤児の少女とメスティーソの学生を結びつける、甘くてほろ苦い、牧歌的な恋愛の話でもない。それはキリャックというアンデスの村で、総督、司祭、商人、先住民農民と、鉱脈を探り当てようと、妻をつれてリマからやってきた鉱山技師との間で起きた争いである。著者は、リマ生まれの登場人物、つまり、進歩を表象し、その存在すら知らなかった時代遅れで冷酷な搾取体制を発見して驚くとともに、激しい憤りの念に駆られる登場人物の口を借りて、内陸部のインディオたちが何も知らずにその犠牲となっている屈辱、略奪と虐待を、細大漏らさず、厳しく暴いた。

インディヘニスモ小説を特徴づけるのは、小説に込められた社会的意図であり、すでにその意図は『巣のない鳥』にはっきりと明示されている。インディヘニスモ文学は、敢然とインディオの立場にたって、彼らを圧迫し搾取する社会を批判する作品を生み出した。インディヘニスモ文学が目指したのは、歴史的事実に忠実で、社会学的に正確であること、そして、道徳的には建設的で、政治的には有効なものになることであり、なかには、なによりも、政治的有効性に関心を払った作家たちもいた。ジャンルとしては小説が好まれ、インディヘニスモによって、小説はロマン主義的傾向から引き離され、しばしば自然主義の装いをまとうリアリズムへ変貌した。とはいえ、ロマン主義の影響が薄れるまでには、時間がかかった。ボリビアのアルシデス・アルゲダス（一八七九～一九四六年）は『青銅の人種』*Raza de bronce*（一九一九年）のなかに、雄大で美しいが、人間の運命には冷酷な〔アンデスの〕大自然を描いてみせたが、その壮麗な描写には、まだロマン主義の影響が認められるし、ペルーのシロ・アレグリーア（一九〇九～六七年）が『世界は広いが無縁なもの』*El mundo es ancho y ajeno*（一九四一年）に書き記した風景描写も、ロマン主義の影響がかなり後代まで残ったことを示している。

インディヘニスモによって、ラテンアメリカの小説は、伝統を民族学的な民間伝承主義へ発展させたスペインの風俗描写主義《コストゥンブリスモ》からようやく解放された。インディヘニスモの小説家はたいてい、先住民の伝承の語り、先祖伝来の風習の話や奇妙な儀式の描写に満足し、好んでそれらの要素を作品に取り入れた。メキシコのミゲル・アンヘル・メネンデス（一九〇五～八二年）は、『ナヤール』*Nayar*（一九四〇年）で、かなり皮相的だが、ほぼ一貫して、ナヤリットの山岳地方に避難場所を求めた二人の義賊を通じてコラ人の文化を明らかにした。二人は、その山岳地方の住民たちとの集団生活を経験し、参与観察者となったのである。作者の狙いはおそらく、最後に小説のプロットが消え失せてしまいそうな一幅の絵を想わせる回想を通じて読者の心を捉えることではなく、自分が先住民の状況に通暁していることと、インディオの名のもとに語る資格を充分に備えていることを読者に納得させることにあった。換言すれば、著者の目的は、社会批判が正当であることを、読者に認めてもらうことにあった。

　エクワドルのホルヘ・イカサ（一九〇六～一九七八年）の『ワシプンゴ』*Huasipungo*（一九三四年）〔伊藤武好訳、朝日出版社、一九七四年〕をもって、インディヘニスタ小説はこのうえなく露骨な自然主義へ流れる方向へ傾いた。『ワシプンゴ』には、絵になる美しさや感動の高まりの趣がひとかけらも見当たらない。作品は、話が激流のごとく急展開するため、小説としてのまとまりを欠くが、激しく変化する語りの言葉を通じて、大農園〔アシエンダ〕の非人間的な世界を暴き出している。大農園では、インディオはまさしく動物としての存在でしかない。物質的かつ精神的な惨めさや目を覆うばかりの貧しさ、化膿性の病気と飢餓、とどのつまりは、〔家族という〕最も基本的な社会的絆までも破壊する要素に満ちた大農園という世界では、団結心など、微塵も存在せず、各々が生きぬくために孤独な戦いを行なっている。

主人から食事も与えられず、空腹に苦しむ奴隷たちは、死んだ牛をめぐって争い、腐った牛の亡骸を掘りあさり、貪り食った。そのおぞましい食事がもとで、疫病、すなわち、赤痢が流行し、〔作品には〕吐き気を催させるような赤痢の症状が、嫌というほど、微に入り、細にわたって書き記されている。そのため、かえって読者は自己をインディオと完全に同一視するのを妨げられ、ひいては、作者の真意について、根も葉もない疑いを抱くことになる。

インディヘニスモの小説家は、その先駆者と異なり、大部分が地方出身であるときでも、都会に居を構え、都会という視点から、インディオを取り上げた。彼らは人生のある時期、それもしばしば少年期のことが多いが、先住民の世界と接触したが、しかし、民族社会的な出自によって、先住民との間には乗り越えがたい溝が横たわり、作者が先住民の世界へ奥深く入っていくのは不可能なことであった。インディヘニスモ文学の重要な問題はまさしく、小説を生み出す世界と小説が語る世界の間に断絶が存在することにあった。その問題を解決できないとき、インディヘニスモ文学は、現実的な効果を生むようなさまざまな方法を、おおむね巧みに実行に移して、その障碍《しょうがい》を乗り越えようとした。そのごく普通のやり方は、語りを先住民語から借用した言葉で満たし、対話のなかに、地方独特な構文様式、あるいは、通用範囲の限られた土地の言い回しを挿入することであった。そうして、独特な発音をする話し言葉が作り出され、それを理解するには、作者が作品の巻末に掲載する用語集に頼らなければならず、その結果、読者はえてして民族誌的資料を手にしているような錯覚をいっそう強くすることになる。

小説に登場するのは強烈な個性を具備した人物というよりも、典型的な人物、類型化された人物、ひいては、容易に正体を見極めることのできる人物である。主人公は社会的地位にある人物なので、特定の集団の代表もしくは代弁者になっているが、心理的な深みをまったく備えていない。主人公が強烈な印象を与えるのは、その存在自体ではなく、せいぜい彼が果たす役割と、その役割のために演じることを余儀なくされた振る舞いによってである。要するに、主人公は、数々の規則が厳格に定められた社会という芝居のなかで決められた役割を演じているにすぎないのである。メキシコのグレゴリオ・ロペス・イ・フエンテス（一八九七～一九六六年）は、内面から登場人物を描くのはほぼ不可能だと認め、用心深く、自分の小説の登場人物には、いっさい名前をつけまいと決心した。『インディオ』*El indio*（一九三五年）では、著者ロペス・イ・フエンテスは極端なまでに単純化を行ない、事実、固有名詞はひとつも出てこない。彼は、インディオ集団が十九世紀以降、また、メキシコ革命のさまざまな段階を通じて、彼らを取り囲む白人やメスティーソの世界との関係を緊密にしていく、その進展の様子を素描した。つまるところ、著者の関心は、個人の行動よりも、社会勢力の発展に向けられており、したがって、作品は、時期は正確に示されているものの、メキシコの不特定な場所で起きた、社会勢力の発展の模範となるような例を提示しているのである。

結局、どのインディヘニスモ小説をとっても、登場人物の数は限られている。すなわち、たいていの場合、登場人物は以下のとおりである。まず、大土地所有者。彼は必ず野心家であり、傲慢かつ粗暴な性格の持ち主で、人種的優越性を信じ、それゆえ、自分には物事や人びとを差配する権力があると信じて疑わない。次に、土地の管理を任されているメスティーソ。メスティーソは、詐欺師とまでは言わなくとも、当然、日和見主義者である。ついで、明らかに権威主義的で、管轄下のインディオたちに対し冷酷に振る舞う村長、さらに、間違いなく好色な教区司祭、貪欲な商人と悪徳弁護士である。そうした〔権力者の〕操り人形やその手下たちに対して、インディオは未分化な大衆を形成し、そのなかから、たとえば『青銅の人種』のチョケワンカや、『世界は広いが無縁なもの』のロセンド・マキのように、つねに思慮深くて賢明な年老いた首長が登場人物として描かれる。それ以外の人びとはほんのわずか登場する影の薄い存在にすぎず、小説第一の主人公の地位へ引き上げられる集団的な存在、すなわち、共同体のなかへ消えていくのである。

小説はたとえば、インディオと非インディオ系の人びとの対立、共同体と大農園の対立、いまだ白人やメスティーソの侵略に晒されている非歴史的な〔非時間的で変化しない〕共同体と、外部からの介入によって解体され、その住民が不幸に見舞われた、歴史的な共同体との対立といった、一連の対照的な対立を軸に組み立てられる。『世界は広いが無縁なもの』に登場する共同体のルミでは、住民は大自然と調和のとれた、そして、素朴な幸せに溢れた生活を送っている。ルミでは、紛争など、ひとつも起こらなかったが、それも、近隣の土地所有者が、共同体の住民の労働力を思うがままに利用できるようにしたいという魂胆から、土地の収奪を企てるまでのことであった。賄賂を贈って地方役人を抱きこみ、証人たちを買収し、さらに、ルミが高い報酬を払って雇っていた弁護士を堕落させるような手ごわい敵の仕打ちに対して、伝統的な手段はことごとく、役に立たないことが明らかになる。すると、信者には、共同体の守護聖人までが自分たちを見捨てて不幸に陥れてしまうように思われ、したがって、聖人に捧げられた共同体の信仰も廃れてしまう。かつては住民に〔伝統的な〕風俗習慣の価値を伝えたり、道徳秩序を維持するのに貢献した魔術の実践も、またその執行者も、魔術が有効でなくなると、同じように信頼されなくなる。そして、土地所有者が不正な手段で有利な判決を勝ち取り、それを公権力に執行させはじめると、ルミの住民は戦う意欲を失い、分裂をきたし、四散してしまう。そのように〔小説にあっては〕、共同体は、みずからが蒙る不正の大きさと住民のインディオが受ける苦しみの深さが〔読者に〕正確に評価されるためには、調和のとれた幸せな世界を築かなければならないのである。

物語が異なるからといって、〔インディヘニスモ小説の〕状況設定に変化が認められることはほとんどない。小説家は、創作することより、避けることのできない主題に変化をつけたり、話の展開を延ばしたり、結末を暴露したりする技術を用いることに手腕を発揮する。作者は先住民の生活を全体的に描こうとするので、作品中に、主題から離れた補足的な話を数々挿入することになり、そして、その話自体が独立した物語となる。そのような「物語のなかの物語」は、見えない語り手のいわば技法で〔本筋と〕関連づけられているにすぎず、話の連続性を損ない、プロットの展開を遅らせる。

小説が社会的な宿命を示唆し、希望への展望をまったく開かないとき、クライマックスは、それだけいっそう悲劇的なものになる。たとえば、『ナヤール』は、先住民文化と白人やメスティーソの文化は理解しあえないという結末にいたる。また、『青銅の人種』の結末に描かれる大農園の焼き討ちは、インディオと非インディオ系の人びとの間にいまだ深刻であるばかりか、無益な対立が存在することを予想させる。さらに、『ワシプンゴ』の奴隷たちが絶望のあまりに身を投じた反乱は、血の粛清を加えられ、『世界は広いが無縁なもの』の共同体の住民が起こした反乱を待ち受ける運命も、それと変わらない。もっとも、反乱の領袖で文化変容を遂げた若者は、地方の貧しいメスティーソを反乱に結集させることに成功する。そこに暗示されているのは、インディオの解放は社会体制の全面的な変革なくしてはありえないということのようである。またそこには、変革など、インディオがみずからの手で成し遂げられることでもなければ、インディオが恵まれない他のカテゴリーの人びとと手を結び、連合して得られる結果でもないことも示唆されている。そうだとすれば、変革は、作者のような、権力を志向する中間階級出身のエリートたちの力によるしかないと結論づけなければならないのだろうか。しかし、メキシコの場合のように、社会の近代化を目指して、中間階級がすでに国家機構を独占しているところでも、小説『インディオ』が明らかにしているとおり、形態に変化は認められるものの、寡頭支配は依然としてつづいたのである。その点に関して言えば、ボリビアのヘスス・ララ（一八九八〜一九八〇年）がジダーノフ〔一八九六〜一九四八年、ロシアの政治家、マルクス主義理論家〕の理論〔社会主義リアリズム〕の影響を受けて、一九三七年に執筆をはじめた小説群は、これには『ヤナクナ』*Yanakuna*（一九五二年）が含まれるが、外延的な幅の欠如と行き過ぎた楽観主義の点で、際立っている。つまり、ヤナクナに暮らす前向きな主人公たちは、先住民という身分を捨て、無産者階級の列に加わり、そうして、革命的サンディカリズムのおかげで、明るい未来の輝かしい展望を見出すのである。

インディヘニスモ小説は、現在、世界的な批判を浴びているが、すでにペルーのホセ・マリア・アルゲダス（一九一一〜六九年）は、インディヘニスモ小説の終焉を予告していた。しかし、一九三〇年から四〇年にいたる一〇年間、彼の作品が数多くの賞を受けたり顕彰されたりしていることから判断すれば、その時期、インディヘニスモ小説が大いに人気を博していたのは事実である。アルゲダスは、自分がインディヘニスモの小説家として分類されるのをつねに拒んだが、それには理由がなかったわけではない。彼は、その叙情主義と同時に高度な社会批判からして、また、とりわけ、その社会批判に込められた意味からして、インディヘニスモの小説家たちと一線を画していた。代表作の『ヤワル・フィエスタ』*Yawar Fiesta*（一九四一年）〔杉山晃訳、現代企画室、一九九八年〕のなかで、著者は、奥深いアンデスに暮らす先住民、メスティーソや「身分の低い白人《ブランキート》」たちが共有する文化に対して、憧憬の想いを吐露している。小説の社会的背景は、『巣のない鳥』の場合と同じように、はっきりと浮かびあがっている。すなわち、対立するのはインディオと非インディオ系の人びとではなく、貧しいアンデスの住民と海岸地方に住むクリオーリョである。しかし、マット・デ・トゥルネルが進歩の名のもと、山岳地方に残る時代遅れな社会体制を攻撃したのに対して、アルゲダスは、数多くのエスニック集団が暮らす内陸部の共同体に破滅的な結果を及ぼす海岸部の近代性を批判した。彼は、晩年に著わした二篇の作品でも、海岸部の文化的保守主義を批判し、社会全体を覆う変革に対して、拒絶と同時に無理解な態度を表明した。没後、アルゲダスは、進歩主義的な運動において、その偉大な後見者のひとりに数えられたが、そのことは、ペルーの左翼が思想的に混乱していたことを証明している。

　ラテンアメリカ全体が辿った近代化のプロセスは、インディヘニスモ小説が告発した社会的現実を隠蔽する傾向にあった。文学におけるインディヘニスモが逆流しはじめたのは、ちょうどそのころのことである。それと同時に、インディオはラテンアメリカ文学に登場しなくなるが、だからといって、インディオがラテンアメリカ文学から姿を消したわけではない。すなわち、インディオに関心を抱く小説家たちは以前と異なるかたちで、インディオを作品で取り上げたのである。メキシコの女流作家ロサリオ・カステリャーノス〔一九二五〜七四年〕は『暗闇の朝課』*Oficio de tinieblas*（一九六二年）において、インディオを実存主義的な省察の拠りどころとし、一方、ペルーのマヌエル・スコルツァ〔一九二八〜八三年〕はガブリエル・ガルシア＝マルケス〔一九二八年生まれ、コロンビアの作家、代表作は『百年の孤独』。ノーベル文学賞を受賞〕の魔術的リアリズムを借用して、五次元的な『沈黙の戦い』*La guerra silenciosa*（一九七〇〜七九年）のなかで、インディオの世界を美化した。とはいうものの、北アメリカ文学を発掘し、フォークナーやヘミングウェイの影響を受けた一九六〇年代の文学「ブーム」の作家たちは、さまざまな社会変革をしっかりと記憶し、社会変革が生み出した新しい状況を利用して、すすんで虚飾を廃し、小説の登場人物を都市環境のなかで際だたせることになった。

ラテンアメリカ文学はインディヘニスモを契機に自立したが、世界的な文学になるに至らなかった。インディヘニスモの小説家は、ヨーロッパによる征服後四世紀たってもまだインディオたちが耐えがたい生活のもとで暮らしている事実を明らかにした最初の人びとである。マリオ・バルガス＝リョサ〔一九三六年生まれ、ペルーの作家。代表作は『緑の家』〕は、彼らのそのような功績を認めながらも、彼らを、作品に描かれている世界に馴染みのない人びとにはとうてい理解できない地方主義的な作品を残したにすぎない、といって批判した。一方、オクタビオ・パス〔一九一四〜九八年、メキシコの詩人・文学者。ノーベル文学賞を受賞〕によれば、彼らを突き動かしたのが愛国主義的な意図であったため、彼らの試みは最初から挫折する運命にあったという。パスはこう断言する。「愛国主義は単に精神的倒錯であるばかりか、偽りの美学でもある」と。しかし、現在、インディヘニスモ文学が文字通りの文学的関心よりも歴史的関心を呼んでいる理由は、おそらく、作家が抱いた〔インディヘニスモ文学の目指した〕計画の特徴よりも、作家がその計画を実行に移す際に用いた限られた手段〔革命、反乱など〕によるのである。

Ⅱ　絵画と造形芸術

インディヘニスモのなかで、文学のジャンルよりはるかに才能に恵まれたのが芸術のジャンルであり、ラテンアメリカ芸術は、インディヘニスモのおかげで国際的な地位を獲得することになった。インディヘニスモ芸術の動向は、一九二二年、『社会と政治と芸術に関する諸原則の宣言』*Declaración de los principios sociales, políticos y estéticos* で明確に示された。宣言には、リベラ〔ディエゴ、一八八六～一九五七年、メキシコの画家〕やシケイロス〔ダビド・アルファロ、一八九八～一九七四年、メキシコの画家〕、それにオロスコ〔ホセ・クレメンテ、一八八三～一九四九年、メキシコの画家〕に指導された一群の芸術家がメキシコで署名した。その三人は、のちにアメリカ大陸一帯で造形芸術を支配するメキシコの巨匠であり、彼らの巨大な作品は世界的に広く知れ渡っている。宣言では、ブルジョアによってヨーロッパから輸入された芸術が攻撃の的にされた。というのも、ヨーロッパの芸術は、先コロンブス期の過去が国民に残した古典芸術の遺産を無視し、国民の芸術活動を歪めたからである。宣言では、連綿と受け継がれたインディオの民芸品制作に、現在も、その力強さと豊かさを見てとることができる伝統、換言すれば、悠久のはるか昔に起源をもつ人びとの芸術の伝統が讃えられた。要するに、宣言によって、芸術家たちは、インディオの伝統を蘇らせて、そこから普遍的な意味をもつ新しい形式を引き出すことを義務づけられた。そうして、宣言に署名した人びとは、エコール・ド・パリの揺るぎない権威に対抗して、ラテンアメリカ芸術の独立を高らかに宣言したのである。

インディヘニスモの芸術家たちは、過去および現在のインディオの造形作品に潜む美的価値を讃えた。リベラは、先コロンブス期の陶器の蒐集家としても知られ、一九二〇年代および三〇年代のフォークロア運動に関わった。彼はインディオ居住区にある居酒屋の装飾のなかに、また、農村に建っている教会の奉納画のなかに、民衆芸術の表象を探し求め、それに驚愕し、その再生を試みた。ペルーでは、サボガル〔後出〕がアヤクチョのレタブロ〔キリスト教教会の祭壇の上、もしくは、後方に置かれるついたて用の絵画で、ときには彫刻が併用される〕や、焼き絵で飾られたワンタの瓢箪、それに、プカラーの素焼きの牛を研究するため、山岳地方を歩き回った。彼にとって、それらの作品は、民衆のもつ素晴らしい創造力の驚くべき持続性を明示するものであった。

しかし、芸術が民衆に由来するだけでは、充分でなかった。同時に、芸術は民衆に向けられ、全面的に民衆に捧げられる必要があった。リベラによれば、書物と比較すれば、絵画は全世界の労働者や農民にとって、はるかに理解しやすい言葉で語りかけることができるという利点を備えていた。インディヘニスモの画家たちはその利点を活用し、しばしば原初主義《プリミティビズム》〔原始芸術やルネサンス前派の素朴さを尊重する立場〕に染まったリアリズム的手法を採用したが、たいていの場合、強烈な表現主義的傾向を示した。彼らは画架とカンバスを捨て、劇場や公共建築物の壁を選び、そこに、民衆が置かれている現状や民衆の過去の戦いや来るべき勝利を英雄的なイメージで描き、彼らに示した。画家たちは大衆に参画することによって、先史時代の洞窟壁画へ遡る壁画芸術の伝統を甦らせ、刷新したのである。その伝統は、何百年、何千年と絶えることなくつづき、ただブルジョア的芸術が求められたときに、中断されたにすぎなかった。オロスコはこう記している。「絵画のなかで最も崇高な形式、最も論理的で、最も純粋で、最も強烈な形式は壁画である。また、壁画はこの上なく無私無欲な形式でもある。なぜなら、作品は私的な利益を生む対象にならないからである。作品は一部の特権的な人びとの利益となるように隠蔽される可能性などがない。壁画は民衆のもの、すべての人びとのものである」と。

その国民的な芸術、つまり民衆の、そしてたいていの場合、記念碑的な壁画芸術は、公共の場に展示され、毎日見ることができたので、大勢の人びとに感銘を与えることになった。同時に、壁画は公認の芸術でもあった。いずれにしても、壁画は、国家による文芸保護の重要性をすばやく察知したポピュリスト体制によって奨励された。メキシコの壁画運動を最初に推進したのは、一九二〇年から二四年にかけて文部大臣を勤めたホセ・バスコンセロスであり、彼は芸術家たちに国立高等学校（ENP）の装飾を依頼した。壁画のその後の発展は、革命の結果生まれた政府が画家たちに委ねた注文に左右されることなった。サボガルはペルー文化博物館の芸術部門の部長になる以前、リマの美術学校を指導したが、そのとき、ルイス・バルカルセルから活動の支援を受けた。バルカルセルもまた、四〇年代、大臣就任の要請を受けた。そのように、政治と密接に繋がったため、インディヘニスモ芸術は、自己の創作する衝撃的な版画が資金を提供する権力に利用されたり、その宣伝の道具になりさがる危険に晒された。

ディエゴ・リベラは、パリで点描画法とキュビスムに取り組んだあと、イタリアでルネサンスのフレスコ画を学び、そこで、未来派〔二十世紀初頭、イタリアを中心に進められた前衛的な美術、文学、音楽における運動で、イタリアの詩人マリオネッティの「未来派」宣言を嚆矢とする〕の運動に加わった。そののち、リベラは革命末期にメキシコへ帰国し、一九二二年、国立高等学校に、メスティーソという人種が生まれるその痛ましい誕生の歴史『創造』*La Creación* を描いたが、その作品には、まだクアットロチェント〔イタリア美術・文学史上、十五世紀初期のルネサンス時代の様式〕の芸術家の影響が見られた。しかし、リベラは一九二三年から二八年にかけて、文部省の壁に、みずからの手で解放を勝ち取った民衆をテーマに一二四面のフレスコ画を描き、たちまち独自の画風を打ち立てた。その画風は、チャピンゴの農業学校のために制作した装飾画、つまり、人間に影響を及ぼし、人間を革命へと導く自然の力を祈念する壁画（一九二六〜二七年）や、クエルナバカのコルテス宮殿で、スペイン人による征服をテーマに制作した装飾画、すなわち、恐ろしい情景と同時に勇敢な行為を描いた壁画（一九二九〜三〇年）で開花した。それでも、リベラの代表作となったのは、彼が一九二九年から三五年にかけて、さらに四〇年代にも描きつづけた国立宮殿の装飾画であり、その絵では、リベラは目を見張るような短縮法〔人体などを画表面と斜交もしくは直交させて配置し、透視図法的に形体が縮減して見えるようにする技法」を用いて、メキシコの過去と現在を結合させた。国立宮殿の壁画には、国民の歴史的事件が、神話上、あるいは、政治上の英雄ではなく、行動する大衆を通じて描かれており、そこには、歴史的出来事を濃縮する鋭い感覚が発揮されている。

一九二七年、スターリン主義とトロツキー主義の間を揺れ動いたリベラはソビエト連邦を訪問した。リベラは革命組織の力に圧倒されたが、芸術の体制順応主義には失望した。赤軍クラブから受けた依頼は満足のいくものではなかった。というのも、軍人たちが、彼らの占拠したロシア皇帝の宮殿を飾る化粧漆喰《スタッコ》細工や金箔張りを取り外そうとするリベラの意図に、激しく抵抗したからである。リベラにとって、革命は、人民を上流階級の家財道具の間に配置すべきではなく、人民独自の美学を生み出さなければならなかったのである。リベラのその考えはアメリカ合衆国で歓迎された。絵筆を手にした勇猛な十字軍兵士リベラは、一九三〇年代を合衆国で過ごし、デトロイトの芸術院で、とくに『進歩へ向かう人類の行進』*La marcha de la humanidad hacia el progreso* の制作に携わった。しかし、彼の思想は数々の論争を巻き起こし、ついに、事態は、ニューヨークのラジオ市民会館の『神々の没落から民衆による権力掌握にいたる人類の冒険』*La aventura humana desde la caída de los dioses hasta la toma del poder por el pueblo* が驚いたネルソン・ロックフェラーの命令で破壊されるまでに至った。

ダビド・アルファロ・シケイロスは、実生活においても芸術活動においても革命家であった。青年期に達するとすぐ、シケイロスはメキシコ革命の兵士となり、そののちイタリアへ向かい、リベラと同じように、ルネサンス絵画にのめりこんだ。メキシコ帰国後、彼は国立高等学校の装飾に協力しながら、同時に、逡巡することなく、共産党の中枢部で活躍した。シケイロスは共産党のために新聞を編集し、組合を結成し、ストの先頭にもたった。一九三〇年代と四〇年代、彼は〔内戦のつづく〕スペインで共和派に与《くみ》して戦闘に参加し、帰国後、メキシコに亡命していたトロツキーの襲撃に加わり、逮捕されて追放された。そのため、彼はアメリカ大陸の各地に、すなわち、チリからカリフォルニア、また、ブエノスアイレスからニューヨークやハバナにいたるまで、稀に見る芸術的生命力を示す紛れもない足跡を残すことになった。つづく一〇年間、シケイロスは国立工科大学に『人間こそ、機械の主《あるじ》』*El hombre, amo de la máquina* を、大学都市の管理棟に『大学のための民衆、民衆のための大学』*El pueblo para la universidad, la universidad para el pueblo* を、そして、チャプルテペックの城に『独裁に立ち向かう革命』*La revolución contra la dictadura* を描いた。一九六五年以降、シケイロスはパネルを繋ぎ合わせた面積四〇〇〇平方メートルもの巨大な絵画の制作に専念した。それが『人類の行進』*La marcha de la humanidad* である。彼の作品は、彼自身の生き方を模したもので、大胆で激しく、色彩豊かであり、しばしば修辞的だと批判されるが、その力強さとドラマ性により、見る人を魅了する。シケイロスは、リベラをアステカ的原初主義だといって批判し、その画風から離れ、明らかに隠喩に満ちてはいるが、清明で直接的な表現主義的絵画技法を作り上げた。シケイロスの芸術は、彼が帰天するまでラサという病院の玄関を飾った『医術の歴史』*La historia de la medicina* で絶頂期に達した。

シケイロスの絵画と同様に、攻撃的だが、対象に対して彼以上に距離を置いているのがホセ・クレメンテ・オロスコの絵画である。オロスコの絵画は、鮮やかで鋭い直線とさほど対照的でない色彩を用いた厳しくて明るいもので、グレーを基調に見事な技巧が発揮されている。オロスコが一九二二年から二七年にかけて国立高等学校に制作したフレスコ画は、メキシコ革命を讃えたもので、革命を人間の悲劇という側面から扱っている。しかし、それからおよそ一〇年後に描かれたグァダラハラ大学の装飾画は、メキシコ革命という偉大な人民運動が最後に裏切られていくことへの恐怖心を映し出し、また、一九四一年に最高裁判所のために制作された作品は、社会意識に目覚めた芸術家オロスコが、人民に向かって〔法の〕監視をアピールするような絵となっている。オロスコは、一九二七年から三四年までアメリカ合衆国に滞在し、その期間にダームース学院のためにアステカ文明を描いたが、その壁画では、先住民の過去が、リベラの壁画と異なり、理想化されるどころか、残忍な性格を備えた文明として描かれている。彼は揺るぎない楽観主義で未来を見つめるシケイロスと異なり、一九三四年に制作したメキシコ市の国立芸術院の『カタルシス』*Catarsis* では、工業機械化によって非人間化される世界に対する不安を余すところなく表現した。オロスコは距離をおいてメキシコ史を見つめたが、その距離は、彼が一九三六年から三九年にかけてグァダラハラのカバーニャス病院のために描いた四〇枚のフレスコ画で測ることができる。そのフレスコ画はオロスコの最も完成した作品である。

先記の画家たちにとって、革命的な技法なくして、革命的な芸術は存在しえず、彼らはフレスコ画や蠟画を再発見したのみならず、新しい画法を生み出した。彼らはこれまでになかった素材を用い、新たな道具を駆使し、そして、新しい塗料を探し求めた。オロスコとリベラは巨大な鋼《はがね》の骨組みの周りにパネルを作り、その骨組みの上に、セメント、石灰、砂、あるいは、大理石の粉でできた幾重もの層を支える鉄格子を張った。二人はともに、彩色した石、パート・ド・ベール〔ガラスを微粉砕し、糊で練り、型のなかで焼成したもの〕、あるいは、あらかじめ色をつけた金属製のタイルを用いてモザイク画を制作した。リベラが一九五三年にインスルヘンテス劇場の湾状正面に制作した作品はその一例で、その壁画には、メキシコの演劇の歴史が描かれている。シケイロスは、一九三六年にニューヨークで芸術技法の実験工房を創設したり、一九四五年にメキシコでプラスティックの素材を利用する芸術技法の実験工房を開設したりして、新しい革新的なものを通じて自己の芸術を深める方法を、工業の分野で絶えず模索しつづけた。彼はセメントの下地にフレスコ画を描いたのち、エアー・スプレーガンを用いて描く方法に転じ、さらに後には、〔塗料に〕ピロキシリンを使用するのをやめて、より光沢の出る、しかも、より豊かな色調と色合いを生み出す合成樹脂を用いるようになった。

メキシコの壁画家たちが南アメリカで知られる以前、ホセ・サボガル（一八八八〜一九五六年）がひとり、インディヘニスモ絵画の道を切り開いた。サボガルは一九一九年にヨーロッパから帰国すると、一時期クスコに居を構え、ペルーにおける近代芸術の創造を目指す最初の闘争となる再発見運動に乗り出した。マリアテギがペルー人最初の画家と見なしたサボガルは、従来絵画の単なる装飾的な要素と見られたインディオを作品の主題そのものとして描こうと試みた。彼はメキシコに一時滞在し、そのおり、リベラは彼を「インディヘニスモ絵画の」先駆者だと認めた。そのメキシコ滞在によって、サボガルは自己の政治的かつ芸術的信念をいっそう強固なものにした。しかし、サボガルは、現実に対して反抗的な認識を抱くメキシコ人と異なり、民衆の創造力は時代を越えて絶えることがないという認識に基づいて、統合的な現実認識を発展させた。したがって、サボガルの創作活動が時をおかずに成功を収めたのは、彼の芸術的愛国主義に見られる統合的な性格によるのである。しかし、往々にして感動や内容の深さや力強さに欠ける彼の絵画は、技術的限界に直面し、けっしてそれを乗り越えることができなかった。

それからしばらくたった一九三〇年代のコロンビアでは、イグナシオ・ゴメス・ハラミーリョ（一九一〇〜七〇年）とバチュエー・グループ〔地理的環境や民族的かつ歴史的状況など、いわゆる「場」に重点をおく絵画グループの総称。しかし、画家は運動を組織したり、流派を結成したりしたわけではなく、個別に活動を行なった。代表的な画家に、ペドロ・ネル・ゴメス、ルイス・アルベルト・アクーニャ、カルロス・コレアなどがいる〕の芸術家たちが、インディオの農村世界に焦点を合わせて創作活動を展開し、農村世界の気高さと悲惨さを作品に表現した。同じころ、ボリビアのセシリオ・グスマン・デ・ロハス（一九〇〇〜五〇年）は、チャコ戦争〔一九三二〜三五年、ボリビアとパラグアイの間で勃発した国境紛争〕の嵐に巻き込まれた先住民兵士たちの英雄的行為や苦悩、それに死がもたらす恐ろしいまでの荘厳さを描いた。インディヘニスモの絵画はことごとく、量感と形式あるいは色彩のもつ表現力との困難な調和を模索したが、それらの要素をかなり自由自在に両立させたのが、ブラジルのカンディド・ポルティナリ（一九〇三〜六二年）とエクワドルのオズワルド・グァヤサミン（一九一九年生まれ）であり、彼らの初期の作品はまさしく古典的な安定感を示している。

政治的アンガージュマンに駆られて、芸術家は幅広い分野で活動することになり、同時に、人民組織のために大量のポスターやパンフレット、また、進歩的な新聞やインディヘニスモの出版物に数知れない挿絵を描くことになった。それに強い刺激を受けたグラフィックアートでは、木版、とりわけ、リノ版画の技法が好んで用いられたが、それは、制作に時間が掛からないことと、リノリウムを使うと作品効果が上がることが理由であった。一九二〇年代、サボガルはマリアテギの創刊した雑誌『アマウタ』*Amauta* の表紙を版画で飾った。また、マリアテギは表紙のレイアウトとインカ風の活字一式をサボガルに頼った。オロスコとシケイロスの木版画はメキシコ共産党の機関紙『エル・マチェテ』*El Machete* の記事の挿絵となり、リベラも、革命前夜に挿絵画家ホセ・グァダルペ・ポサダ〔一八五二～一九一三年メキシコ人〕がはじめた伝統を受け継ぎ、共産党の機関紙に社会風刺画を描いた。リベラが唯一の師と認めたポサダの影響は、事実、彼の一部の絵画にはっきりと見て取られる。たとえば、一九四七年にプラド・ホテルに依頼されてレストランの広間に描いた『日曜日の午後、アラメダ通りを散歩する夢』*Sueño dominical en la Alameda* がそうである。

インディヘニスモの絵画に対する反動は、アンデス諸国ではかなり早くから現われた。ペルーでは、パリから帰国したばかりのリカルド・グラウ〔一九〇七～七〇年〕が、サボガルを打倒すべく、一九三七年に「絵画および反インディヘニスタ戦闘集団の前衛隊」を組織した。当時、サボガルは芸術の巨匠として君臨していたが、弟子たちはすでに反復的なフォークロア主義への郷愁と感傷主義に身を委ねていた。シュールリアリズムから出発したセサル・モロ〔一九〇三～五六年〕は、造形芸術の実験に参加する芸術家の自由と、純粋に芸術的価値のある作品を作り上げなければならない芸術の使命の名のもとに、サボガルとの闘争に加わった。メキシコでインディヘニスモの主導権に異議が申し立てられたのは、それからはるか後のことである。ホセ・ルイス・クエバス〔一九三三年生まれ〕は、意味慎重にも英語で論文を書き、その論文は一九五九年に北アメリカの雑誌に掲載された。論文のなかで、クエバスはラテンアメリカの絵画を新しい芸術の流れから孤立させた「サボテンのカーテン」〔壁画運動の宣伝的性格を非難したクエバスの個人的なマニフェスト〕を非難した。一方、絵画の表現形態を汚したといってリベラを批判したフワン・ソリアノ〔一九二〇年生まれ〕は、巨大な壁画作品を旅行代理店の大きなポスターに擬《なぞら》えた。そのような批判は明らかに行き過ぎだが、まったく根拠に欠けるものでもなかった。つまり、リベラ、シケイロス、オロスコのアトリエで学んだあと、公共機関から注文を受けた画家たちは、その大部分が巨匠に備わった豊かな着想力や創造力を欠いていたからである。彼らの作品はおおむねリアリズム的というより装飾的であり、新しい形式主義に堕していた。

第二次世界大戦後、芸術のための芸術を実践しようとする若い画家たちの世代は、絵画を政治的、あるいは、社会的な制約から全面的に解放するのを使命だと考えた。彼らはアメリカから入ってきたさまざまな様式、とくに抽象的表現主義の抽象芸術を標榜した。抽象芸術はたちまちブームとなってラテンアメリカ全域に広がり、一九六一年、サン・パウロのビエンナーレに出品された作品の実に八割以上が抽象画であった。しかし、壁画芸術をめぐって激しい論争が繰り広げられたので、壁画が途絶えることなくひそかに描かれつづけた事実は隠し通せなかった。ジャクソン・ポロック〔一九一二〜五六年、アメリカの画家〕は、自分の芸術は例外なく、メキシコの壁画家に負っていると認め、その事実を明らかにしたのである。ルフィーノ・タマーヨ〔一八九九～一九九一年〕の穏やかな絵画は詩的な夢幻妄想に通じるものがあるが、彼は確実に非具象画へ移っていった。なかには、初期の軌道を修正し、非常に個人的な様式を編み出そうとした芸術家たちもいた。グァヤサミンもその一人で、彼はヨーロッパへ戻り、遅まきながらピカソの影響と、明らかに、ビュフェ〔一九二八年生まれ、フランスの画家〕の影響も受けた。グァヤサミンはその画風に、肉体をやせ細らせ、民族性を示すものをいっさい表情から剝ぎ取るという、ますます神経質で鋭い特徴を付与した。一九五〇年代初頭から、グァヤサミンの社会的表現主義は普遍的悲惨主義へと発展し、そうして、国際的な名声を博することになった。

インディヘニスモは絵画以外のあらゆる造形芸術にも、同じような影響を及ぼしたが、絵画と肩を並べられるような秀作を生み出さなかった。先コロンブス期の彫刻は当時の彫刻家たちに影響を与えた。なかでも、特筆すべき彫刻家は、コロンビアのラモン・バルバ〔一八九四～一九六四年〕とボリビアのマリーナ・ヌニェス・デル・プラド〔一九一一～五五年〕である。彫刻ほどには成功を収めなかったが、建築家もアステカ人やインカ人の建築の伝統を見直し、コンクリートやガラスなど、新しい素材を使って、先住民の建築を蘇らせようとした。リベラはアルフォンソ・カソに勧められて、晩年、メキシコ市郊外に荒唐無稽なピラミッド、アナワカリ〔「アナワックの館」〕を構想し、それに装飾を施した。そのなかに、リベラは居宅とアトリエと個人的な博物館を建設した。アナワカリでは、絵画と彫刻と建築が見事に一体化した素晴らしい成果を見ることができ、そこには現在、リベラの私有コレクションが展示されている。しかし、完璧な水平線、正面玄関の飾り気のない簡素さと調和のとれた内部の量感によって、インディヘニスモ建築の最高傑作となっているのは、メキシコの国立人類学博物館である。それは、一九六〇年代初頭、ペドロ・ラミレス・バスケス〔一九一九生まれ〕と技術者、歴史家と民族学者からなるチームが、先住民の過去の栄光を讃えて建設した壮麗な神殿である。それに引き換え、リマにあるペルー文化博物館は、インディヘニスモ建築が先コロンブス期の建築の稚拙な模倣に堕する可能性を示唆している。

Ⅲ　音楽、声楽、舞踊

インディヘニスモは、絵画と同じように、ラテンアメリカの音楽をも方向づけた。インディヘニスモ音楽は愛国的であると同時に民衆的であり、その着想は伝統的であるが、表現は革新的であった。また、その意図は社会的であり、そして、国家による管理が定着したため、政治的でもあった。インディヘニスモ音楽は、フォルクローレ運動から目立たないように離れていった。とはいえ、インディヘニスモ音楽がなんらかの宣言を発表して、その意図を明らかにすることもなければ、特別な作品がその発展の先駆けになることもなかった。インディヘニスモ音楽の起源は、音楽界が一九〇〇年代初頭から先住民の旋律や民衆の歌に関心を寄せたことに求められる。バルトーク〔一八八一～一九四五年、ハンガリーの作曲家〕がマジャール人の純粋な音楽を求めてハンガリーの高原を旅したころ、ペルーのダニエル・アロミーア・ロブレス（一八七〇～一九四二年）は、一九一七年までアンデス内陸部を絶え間なく跋渉《ばっしょう》し、インディオ共同体を歩き回って、ワイノ、ヤラビやカシュア〔いずれも先スペイン期に起源をもつアンデス住民の音楽、舞踊〕を蒐集した。彼は二つの旋法、つまり、長音階と短音階に、アンデス音楽を特徴づける五音音階を発見し、それを用いて作曲した。一九一二年、アロミーア・ロブレスがリマで催した「インカ」音楽のコンサートは、先住民の音楽作品に威厳を取り戻すことと、それを芸術の高みへ引き上げることを目的としたラテンアメリカにおける最初の試みであった。

アロミーア・ロブレスと同様、エクワドルのセグンド・モレノ・アンドラーデ（一八八二～一九七二年）も、民族音楽の研究家であり音楽家であった。一九一五年から三七年まで、彼は山岳地方で儀式や祭りの際に歌われる俗謡を蒐集し、それを転写して『エクワドルの土着の音楽と踊り』*Música y danzas autóctonas del Ecuador*（一九四九年）と題する作品を発表した。モレノ・アンドラーデはそれらの俗謡に想を得て独自に作曲も手がけたが、作品は現地のさまざまな条件が不利に作用して広まらなかった。同じ頃、メキシコのマヌエル・ポンセ（一八八二～一九四八年）が、国民の魂の表現である民衆音楽を保存するのは作曲家の義務だと考え、ハラベ、コリード、ワパンゴなど、各地方のソン〔先スペイン期に起源をもつメキシコの舞曲〕を録音した。彼の二つの作品『メキシコ・ラプソディー』*Rapsodias mexicanas* では、国土に埋没していた原材料〔インディオの伝統的な舞曲のこと〕が、つねに高尚な音楽がヨーロッパから輸入していた原料に取って代わった。その二作品では、近代の倍音を駆使して伝統的なメロディーとリズムを様式化する素晴らしい技巧が発揮されている。同じ技巧は、ペルーのテオドロ・バルカルセル（一九〇〇～四二年）の二つの『交響組曲』*Suites sinfónicas*（一九三九年）ならびに交響詩『太陽神殿の廃墟に佇んで』*En las ruinas del templo del Sol*（一九四〇年）にも認められる。先住民起源の素材とヨーロッパ起源の素材は、長い間、接続曲のなかか、さもなければ、土着のテーマやパッサカリア〔スペイン起源の軽快な舞踊曲〕、それにシャンソンや先住民の名残りと愛国的な賛歌などを交互に入れ替えたサルスエラのなかに、並置されてきたが、ようやくポンセやバルカルセルによって、統合され、融合されて、奥行きの深い作品を作り出した。

メキシコのカンデラリオ・ウィサル（一八八八～一九七〇年）の登場によって、インディヘニスモ音楽は、はっきりとインディオのモチーフに国民性という特性を与え、象徴的なものになった。ウィサルの二番目の交響曲『オチュパニストリ』*Ochpaniztli*（一九三五年）は、女神ショチケツアルを讃えて催される祭儀を三楽章にわたって想起させる。すなわち、生け贄の犠牲者に随伴する行列と、小鳥や蝶に扮したインディオの踊り、それに生け贄の儀式の終了を告げる踊りである。同じく先コロンブス期の祭儀を思い出させる第四番目の交響曲『コラ』*Cora*（一九四二年）は原初の世界を描いたもので、チリミア〔クラリネットに似た一〇穴の木管楽器〕が単調なメロディーでその世界を表現する一方、先住民のパーカッションがリズムを引き立てる。

インディヘニスモ音楽は、インディオあるいは民衆の題材をふたたび取り上げて、いかに興味深い作品を巧みに作り上げたとしても、だからといって、それに満足していたわけではない。インディヘニスモ音楽は、音響の工夫、音の広がり、演奏速度《テンピ》、構成、強弱法《デュナーミク》、音の強度、リズムの構造や原旋律の選択、それに調性に関する考え方のあらゆる組み合わせを編成しなおし、音楽に関するまさに感覚的な認識を打ち破るような、新しくて近代主義的な、不協和で機械的な音楽手法を編み出した。明らかに、それには、ストラヴィンスキー〔一八八二～一九七一年、ロシア生まれのアメリカの作曲家〕の初期の作品、とりわけ、『春の祭典』が決定的な影響を及ぼした。とはいえ、その試みに心血を注ぐことになるメキシコのカルロス・チャベス（一八九九～一九七八年）と彼の楽派は、『春の祭典』の影響をおおむね否定した。チャベスはインディオの音楽を「あか抜けさせたり」、民衆のテーマを目立たなくしたり、曖昧にしたりするような洗練された様式を用いようとは思わなかった。それどころか、彼は先住民族の逞しさや純粋さを理解し、そして、彼の言葉を借りれば、「音楽のジャンルにおける西欧的な美的観念とは異なる民族的かつ審美的な特徴」を自分の音楽に与えようとした。彼の音楽は厳格すぎて類型的で、具体性を欠いているが、本質を突いている。その原初主義の傾向は『新しい火』*El fuego nuevo*（一九二一年）や、バスコンセロスに依頼されてアステカをテーマにバレー音楽として作曲した『四つの太陽』*Los cuatro soles*（一九二五年）にはっきりと現われている。同じ傾向は、リベラの舞台装置を嚆矢とする構成主義〔一九二〇年頃ロシアに起こった美術運動で、外界の再現を拒否し、鉄やガラスなど、工業生産物を利用した〕に着想を得て作曲したバレー音楽『幻の馬』*Caballo de vapor*（一九二七年）のなかで、パーカッションの増強と、テポナシュトリやウエウエトル、あるいは、カウベル〔家畜の首につける鈴〕など、先住民の楽器を数多く用いることで、なおいっそう顕著になる。『幻の馬』は、豊かな自然に恵まれたラテンアメリカの暮らしとアングロサクソン系アメリカにおける機械化された生活の対比を軸に展開する作品である。

それでも、『インディオの交響曲』*Sinfonía india*（一九三六年）のほうが、メロディーやリズムは簡潔であり、アレグロはウイチョル人とヤキ人のテーマを組み合わせたもので、フィナーレの根底を流れるのはティブロン島のセリ人たちの単調なメロディーである。チャベスは外国では、ごく自然に「なかばインディオの」作曲家だと自己紹介していた。彼は、先コロンブス期の楽器やスペイン人の記録文書《クロニカ》に書かれた記述、それに、現代に生きる先住民の歌を研究して、『ショチピリ』*Xochipilli*（一九四〇年）と題する曲を作り、「アステカ」音楽を作り出した。その小品は巧みに練り上げられた作品で、不思議な民族的深みを感じさせ、偉大な民族の声が計りしれないほど雄弁に伝わってくるような錯覚を与える。

チャベスは、絵画でリベラが果たしたのと同じ役割を、音楽の分野で果たした。彼は作曲家であり、オーケストラの指揮者でもあるが、同時にまた、文化に深く関わった役人であり、政治家でもあった。つまり、チャベスは一九二八年にメキシコ交響楽団を創設し、一九三三年まで国立音楽学校を指導し、さらに三三年、文部省の美術部長となり、そののち、政府から国立美術館の創設を任され、その館長職を一九五二年まで務めることになった。チャベスは、一九二〇年代に初めてアメリカ合衆国へ旅行したとき、自分と同じようにヨーロッパ音楽の支配から逃れようとしていたコープランド〔アーロン、一九〇〇年生まれ、アメリカの作曲家〕、カウエル〔ヘンリー・ディクソン、一八九七～一九六五年、アメリカの作曲家〕やヴァレーズ〔エドガー、一八八五～一九六五年、フランス生まれのアメリカの作曲家〕と親交を深めた。彼は、音楽芸術を階級闘争の道具として利用することを推奨した労働者音楽同盟に影響を受け、『芸術が総合教育において、また福祉と社会正義の実現に際して、果たすべき目的』*Finalidades de las bellas artes en la educación general y dentro de la necesidad de bienestar y justicia social*（一九三三年）で、芸術の教育的役割や芸術家の社会的かつ政治的な責任に関する考えを披瀝した。その考えは、すべてのインディヘニスタにおおむね共有され、一九一三年以降、すでにアロミーア・ロブレスが同じ考えを実行に移し、国民を代表するインディオがアメリカ帝国主義に対して絶えずくりかえし行なっている闘いをサルスエラのなかで称揚していた。チャベスの死後かなり経過してから、『コンドルは飛んでいく』*El cóndor pasa* と名づけられた曲の一要素――カシュアー――が、サイモンとガーファンクルによる甘美な編曲で世界的な成功を収めることになった。

チャベスは、就任したあらゆる職で、健全でたくましい音楽、革新的だが開放的な音楽を作り上げるために闘い、その音楽を大衆に広めようと努力した。プロコフィエフ〔セルゲイ・一八九一～一九五三年、ロシアの作曲家〕がモスクワへ戻り、前衛主義を捨て、自分のことをロシアの民衆にもっと理解してもらおうと願っていたころ、チャベスもメキシコ人を教育して、自分の作品を理解できるまでに高めようとした。そのような主意主義は、国民の審美教育に活かすために、この上なく大胆な実験を手がけた同志たちが得た実験結果から導かれたものであり、そもそもチャベスが明確に拒否した前衛の概念自体を破壊した。

インディヘニスモは、当時見捨てられていた声楽と合唱音楽にも大きな刺激を与えた。作曲家の関心はオペラよりもバレー音楽に向けられ、また、民間の伝承音楽を支持し、民衆を指導する人びとはオペラをブルジョア的すぎると考えた。しかし、さほど説得力はなかったが、オペラでも、革新を目指す試みがいくつか行なわれた。ディアギレフ〔セルゲイ・一八七二～一九二九年、ロシアのバレー団主宰者で芸術批評家〕が南米巡演旅行で上演したロシア・バレーは、色彩、形式と動きの組み合わせの新しい可能性を示した。そして、その組み合わせを、一九二〇年代と三〇年代、〔ラテンアメリカの〕作曲家たちが利用することになった。チャベスが舞踊劇のために作曲した作品は一九六一年の『ピラミッド』*Pirámide* でそのシリーズを完結するが、それに匹敵する作品として付け加えることができるのは、とりわけ、ボリビアのホセ・マリア・ベラスコ・マイダナの『アメリカのインディオ女性』*Amerindia* と、バルカルセルの『スライ・スリタ』*Suray Surita* である。彼らも同じように全体芸術を模索していた。ずっと後にラテンアメリカのほぼすべての国に、常設の民俗舞踊団が生まれた。当初、舞踊団は大衆の愛国的な本源回帰に力を注いだが、やがて、行政当局に利用され、外国で自国の観光宣伝を行なうようになった。

一九四〇年代以降、インディヘニスモ音楽はゆっくりと新古典的形式主義へと発展したが、そのとき、もったいぶった装飾過剰に陥る傾向はなかった。チャベスに師事した四人の偉大な弟子の一人、ダニエル・アヤラ〔・ペレス、一九〇八～七五年、メキシコの作曲家〕は、インディヘニスモ音楽を当初の民俗主義へ立ち戻らせ、音と光のショーの楽譜を書いた。その曲は一九七〇年、〔ユカタン半島北部の〕ウシュマルにあるマヤ文化の遺跡で初演された。若い作曲家たちはインディヘニスモ音楽を離れ、十二音階やセリエリズム〔音列作法に基づいた作曲技法〕、アトナリズム〔古典的な調性を崩した作曲技法〕や電子音楽など、音楽芸術を支配する新しい潮流に加わったが、だからといって、大して騒がれることもなかった。つまり、インディヘニスモはすでにその役割を終えていたのである。インディヘニスモは、ラテンアメリカの芸術活動を、ラテンアメリカが置かれたヨーロッパに対する地方としての依存状態から解放したあと、近代化への道へ導き、しばしば大胆にも、アメリカ合衆国から次第に大きな刺激が入ってくる国際文化の入口にまで高めた。その意味で、インディヘニスモは、ラテンアメリカにおける芸術の歴史において重要な時代を画した。

第四章　インディヘニスモ政策

　十九世紀最後の三〇年間にラテンアメリカで始まった資本主義の拡大が抑制されるにつれて、植民地時代に起源をもち、独立以後も依然として残存した社会構造が、一九〇〇年以降、ますます耐えがたい時代錯誤的なものとなった。政府は、伝統的な土地権力者を犠牲にして次第に政治的発言力を強める新しい経済的利益団体の圧力のみならず、すでに近代化した社会部門からの増大する影響も受けて、インディオと非インディオ系の人びとの関係の再構築と先住民の生活条件の改善とを目指す法的な措置、もしくは規制を実行に移すようになった。一九三〇年までに実行されたそれらの措置はまだ消極的で、たいていは暫定的なものであり、メキシコ革命の先駆的な成果におおむね影響を受けていた。しかし、それも一九三〇年以降になると、まとまりを見せはじめ、急進的なものとなった。そして、それらの措置が大恐慌の結果登場したポピュリスト体制によって政策に盛り込まれたとき、インディヘニスモ政策の原則と方法が確立された。そうして、インディヘニスモ政策は、テンポは多様だが、終始変わることなく、一様に先住民集団全体に適用された。

　インディヘニスモ政策は、社会の近代化を目指す、より総合的な政策の一部となったが、同時に、社会を国民的なものへ変容させようと望む政府が利用する手段ともなった。すなわち、政府の使命が新たに定義し直され、政府の介入範囲がかなり広がったのである。

I 起源

独立と同時に経済的停滞に陥ったラテンアメリカを救った資本主義には、三つの特徴があった。まず資本主義が基幹的な生産活動、つまり、農業や地下資源産業の部門に影響を及ぼしたこと。次に、それらの活動から生まれた産物、つまり、綿花、コーヒー、砂糖、タバコ、カカオ、それに、銅をはじめとする鉱産物が基本的に世界市場に向けられたこと。そして、最後に、生産活動の拠点が、たいていの場合、かつて植民地時代に開発された地域の近郊や、国家経済が固定資産化した人口集中地域の周縁に置かれたことである。新しい生産様式が発展した地域――たとえば北部メキシコの草原地帯、エクワドルの沿岸高地、あるいはペルーの帯状の海岸地帯――は、たとえ人が住んでいても、人口密度の低いところであった。したがって、そこでは労働力不足が明らかとなり、地域の発展を阻害する大きな要因になった。しかし、メキシコでは、革命に先立つポルフィリオ・ディアス〔一八三〇～一九一五年、メキシコの政治家、大統領〕の長期にわたる独裁政権が人口の域内移住を強制的に実施した結果、黎明期の資本主義に必要な労働力を提供することができた。とはいえ、メキシコ以外の地域では、資本主義グループは、必要な労働力をめぐって伝統的な土地所有者たちと争わねばならず、奴隷制の廃止と労働の自由の確立を訴えた。

その要求は、大都市で形成されつつあった中間階級や、中間階級出身の知識人たちに支持され、広められた。一九〇九年、リマで、大学生や弁護士たちが先住民擁護協会を設立し、協会は、インディオを取り巻く状況に関する情報を収集するため、アンデス各地に支部を開設した。協会は、大土地所有者が犯す不正行為を徹底して裁判所に告発し、不正行為の犠牲となっている人びとの法的弁護に無償で当った。それからやや遅れてボリビアで生まれたインディオ擁護同盟も同じように、都市の近代的部門と、抑圧されて、奥深い農村部で時代錯誤的な状況に置かれている大衆との間に連帯関係を築いた。胎動期のプロレタリアートを組織した最初の労働組合は、エスニック集団間の団結のネットワーク作りに参加し、そのなかで、インディオたちはみずからの権利に目覚めると同時に、権利を行使する能力を身につけた。一九一〇年代と二〇年代にペルー南部とボリビア高地を席捲した農民騒動は、以前なら諦観や宿命論から普通のことだと考えられたいくつかの状況が、もはや被害者である人びとに甘受されなくなったことを示した。農民たちが統率のとれた暴力行為に訴えたことと、控えめだが、かなり適切な目的を定めたことから判断すれば、不穏な動きを持続させたその地方分散的な運動は、十九世紀の反乱とは性格を異にしていた。いずれにせよ、それらの運動の結果、大土地所有者がインディオを獣のように扱い、彼らを反乱するしかないほど追いつめ、そうして社会全体を危機に陥れているという見解はますます強まった。というのも、大土地所有者は、もはや以前のように、独占した先住民労働力を使って合理的に利益を得ることができなくなったからである。

政府は慎重に、対立する当事者間の仲裁役を買って出た。政府の決定事項は、困難をきわめた妥協の産物であり、まず、政府はインディオを土地から解放し、彼らの移動を支援することと、労働市場を創出することを決定した。メキシコ革命が農村部の労働力を解放したころ、ペルーの国会は、労働者を無理やり所有地に縛りつけたり、債務を理由に財産や身柄を拘束したりするのを禁止する法令を制定した。一九一六年のその法律によって、雇用者は、彼らが利用した労働力に対し、現金で報酬を支払うことが義務づけられた。そのうえ、同じ法律で、最低賃金が定められ、その額は海岸部の近代的なプランテーションにおける実質賃金の平均と等しくなった。一九一八年、エクワドル政府も、国内で「コンセルタへ」という名前で知られた労働者の債務制度を廃止し、そうして、賃金制の実施を一般化し、沿岸部の高原地帯によく見られた生産の資本主義的な社会関係を国全体へ拡大しようと考えた。

労働市場が形成された暁に、インディオたちが生産業で新しい役割を果たすことができるよう、彼らに必要な〔技能〕教育を保証することが考慮された。一九〇七年以来、ボリビア政府は巡回教師団を創設し、インディオたちに識字教育とスペイン語教育を行なう任務を与えたが、そのとき、教師団は実際に役立つような、そして、すぐに運用可能な基礎知識を授けることも任された。一九二三年にメキシコでホセ・バスコンセロスが創設した巡回「文化使節団」は、それ以上に野心的なものであった。創設者バスコンセロスの考えによると、使節団は文盲を撲滅し、スペイン語を普及し、基礎教育を授けることが義務づけられただけでなく、先住民世界を物質的、道徳的かつ知的な面で向上させるのに貢献することになっていた。使節団は教師、農学者、医師、助産婦、それに大工か石工もしくは機械に熟練した人物、それぞれ一名ずつで構成され、彼らは班を組んで担当地域で活動した。一九三九年、ペルーで創設された「先住民の文化的向上を図る移動部隊」はメキシコの文化使節団をモデルにしたもので、それは、インディオを近代化するために、また、彼らを資本主義経済に役立つような有能な生産者に変貌させるために、行政当局が実施した初期の試みの一つであった。

同時に、政府は、インディオたちが貪欲な白人やメスティーソから守り通した土地について、彼らの権利を保証するのに心を砕いた。そのため、十九世紀を通じて共有地の解体を目的に制定された農地法の見直しが行なわれた。一九二〇年にペルーが採択した新しい憲法では、先住民の共有地の存在が認められ、共有地は、以後、商取引の対象にならないと規定され、さらに、一九三六年の民法によって、共有地に法人格が与えられた。一九二五年のボリビアの法律も同じように、取引の対象からインディオの共有地を除外し、その売却、没収と担保化を禁止した。一九三七年、エクワドルの法律は共有地を譲渡不能な土地と定める一方、同年、共有地は法的身分を授けられ、訴訟を行なう資格を備えた。そうして、公権力は先住民共同体に対し、共同体が一世紀以上も前に独立を契機に失った法的保護を復活させた。しかし、そのとき、公権力はインディオに文化的な特殊性をいっさい認めようとしなかった。つまり、公権力が目指したのはあくまで、新しい最終的な拡大期にある大農園の攻撃を阻止するための対抗措置を講じることであった。つまり、当時、生産性を高められなかった伝統的な大土地所有者は、大農園の拡大を通じて、生産量を増加させる方法や、収益を近代的な経済部門が達成したのと同じ水準へ引き上げる手段を模索していたのである。

以上のような措置や規制は、どれ一つ取っても、国家の権力構造における新しい勢力関係を表わす政治的意志がその適用を監視しないかぎり、死文に終わる危険があった。充実した組織となり、それまで以上に中央政府の管理がよく行き届いた公共機関は、共同体と大農園が係争する訴訟に、次第に公平な立場で介入した。一九一八年、ペルーの知事および副知事は、インディオに法的な援助と協力を行なうよう訓令を受けた。その後のインディヘニスタ官僚の急増を予告するように、国家機関は先住民問題を専門的に管掌する下部組織を次々と設置しはじめた。たとえば、一九一〇年、ブラジルでは、後の陸軍元帥カンディド・ダ・シルバ・ロンドン〔一八六五〜一九五八年〕の主導のもと、インディオ保護局（SPI）が創設された。インディオ保護局は、一九六七年に国立インディオ基金（FUNAI）に取ってかわるまで、農業省に所属し、軍人たちがアマゾン縦断の電話回線を敷設したときに発見したインディオたちの定住化を促進し、かつて一九二八年にその地位が国家の保護下に置かれたインディオたちをその保護から解放するため、農業従事者に変えようと試みた。一九二一年、ペルー政府は共同体に関する憲法の規定が遵守されているかどうかを監視するため、開発省内に先住民問題局を設置し、翌年、インディオと非インディオ系の人びとの差を埋める目的で、全国先住民族基金を設立した。そうして、政府は、原告が裁判費用を負担するのを避け、法的手続きの遅延を回避した。

Ⅱ　発展

一九三〇年代の経済危機によって、インディヘニスモは急速に発展し、正真正銘のインディヘニスモ政策が採用されるにいたった。経済危機が誘発した社会不安は、中間階級の要求を農民層やプロレタリアートの権利主張に結びつけた強力な運動に示された。たとえば、ペルーのビクトル・ラウル・アヤ・デ・ラ・トッレがメキシコで創設し、一時期ペルーのみならず、他のラテンアメリカ諸国の政治活動にも影響を及ぼしたアメリカ人民革命同盟（APRA）は、社会的地位を失った知識人、破産した小規模経営者、土地なし農民や失業した労働者たちを、寡頭支配の打倒を目指す闘争の先頭に集結させた。そのような運動の結果、近代化を推進する権威主義的で国家主義的な政府が権力を掌握することになった。チャコ戦争後のボリビアで相次いで登場し、一九五二年の革命を画策した政府はその一例である。それらの運動では、国民感情や社会不満が操作され、その結果、大衆動員に左右される体制が確立した。つまり、体制を支えたのは、国家と結びついた協調組合主義的な、もしくは、なかば協調組合主義的な労働組織や政党による人民支配であった。その体制は、つねに口では社会主義を志向したが、実際には、往々にしてファッショ的であり、「ポピュリスト」と分類されている。メキシコでは、一九二九年から四〇年にかけて、プルタルコ・エリアス・カリェス〔一八七七〜一九四五年〕とラサロ・カルデナス〔一八九五〜一九七〇年〕が、その原型を作り出した。ポピュリスト体制はインディオを国民のなかに取り込んで国民の統一を完成させる意図を公にした。

長期にわたる危機は、社会的かつ政治的な結果と同じくらい、甚大な影響を経済にも及ぼした。ラテンアメリカの輸出品である原材料や農作物の価格が下落したため、ラテンアメリカ諸国では、必要な工業製品を輸入する財政能力がかなり低下した。第二次世界大戦によって、ラテンアメリカの輸出は、ふたたびかなり好調に転じ、活性化したが、世界市場から加工品が姿を消した。加工品は工業国で生産され、工業国の潜在経済力が、戦争の影響に耐えるのを目的に、まったく新しい方向へ注がれたからである。そのような状況に直面して、ラテンアメリカは、もはや外国から購入できなくなった製品を自国で製造することになった。それは、ラテンアメリカが支払い不能に陥った結果であると同時に、工業国からの製品供給が途絶えたからでもある。そうして、輸入代替的工業化の過程がはじまり、ポピュリスト政府は経済活動に頻繁に介入することによって、輸入代替的工業化を支援し、指導した。新しい発展モデルがまとまり、一九五〇年代初頭、国際連合のラテンアメリカ経済委員会（CEPAL）が、それを理論的に発展させた。しかし、すでに一九三〇年代から、ラテンアメリカの資本主義の範囲は一次産業から二次産業へ拡大し、再び国際分業が問題になった。発展モデルの適用は、比較的熟練を要する工業において生起する雇用増大に応えるための労働市場の拡大ばかりか、黎明期の国内産業の生産を吸収できるような国内市場の創出をも前提としていた。つまり、インディオは生産者になるだけでは充分でなかった。インディオは収入を手にして、支払い能力のある需要に参加し、消費者に変容しなければならなかったのである。

インディヘニスモ政策は農地改革を背景に展開された。農地改革の分野で模範を示したメキシコでは、改革は一九一五年の法律で定められ、一九一七年の憲法に盛り込まれ、そして、カルデナス大統領の時代に大規模に実施された。その後、ボリビアで、国民革命運動（MNR）に動員されたインディオ大衆が一九五二年、自然発生的に大農園に侵入し、農地改革を実現した。したがって、翌年発布された法律はその既成事実を承認することになった。それ以外の国々で、土地所有権の再分配が実施されるには、一九六〇年代の初頭まで待たなければならなかったが、それは、アメリカ合衆国が「進歩のための同盟」の範囲内で援助計画を実施するための条件として、農地改革を提案したからである。伝統的な土地権力者の名残りを清算する農地改革によって、インディオは昔からのあらゆる奴隷状態から決定的に解放された。しかし、インディオは往々にして、土地確保への道をつけてくれた政党や、法律的に曖昧に定義された用語で土地所有を不確定なままにした体制、さもなければ、手に入れたわずかな土地の代金を彼らに長期にわたって返済する義務を負わせた政府に従属した。メキシコの農地改革で恩恵に浴した人びとが手に入れたのは、エヒード内で受け取った一片の土地の用益権にすぎなかった。一方、ペルーでは、インディオは一九六九年の大統領令で定められた準公共的な、もしくは、協同組合的な性格の大規模な農業企業に対する理論上の所有権を手に入れただけで、実際には、その企業の賃金労働者にすぎなかった。

さらに、一九五〇年、エクワドルが文部省内に文化発展巡回局を設置したときも、移動教育は能力の限界を露呈し、その結果、学校教育のネットワークは都市から農村部へ徐々に拡大したにすぎなかった。メキシコでは、エヒードが学校建設の義務を負い、そこへ国家が自動的に教師を派遣することになり、農村部の先住民世界における学校教育の整備は農地改革のテンポにあわせて進行した。一九四〇年代以降、ラテンアメリカのすべての国において、国家予算に占める教育予算の比率は上昇傾向にあった。先住民世界の状況に適応した教育方法を決定するため、さまざまな試みが行なわれた。なかでも、最も興味深いのは、ボリビアにおいてエリサルド・ペレスが「学校＝アイユ」で試みたもので、それは一九三一年にワリサタで始まった。ペレスは、地方の住民がみずからの近代化を担うことを願って、学校をその道具にしようとした。〔ペレスによれば〕学校は、けっしてインディオに戦略的な文化財、つまり、当時までその習得が禁止されていたスペイン語を教えるだけにとどまらなかった。学校は、地方の現実に適応することが望まれる場であるときでも、メスティーソ、さらには都会人の行動様式を普及して、新しい社会的な要求を呼び覚まし、新しい経済的必要をかき立てる役割を担っている。そして、政府はその必要に答えるべく努力することになる。

メキシコ革命期、マヌエル・ガミオは、すでに、民族学的な研究によって得た知識を利用して、テオティワカン盆地に住む人びとの生活条件の改善に努めていた。彼の周りに集まった教師、看護士と技術者のチームは、集団的かつ総合的な、そして同時に、断絶することのない活動に乗り出した。「集団的」というのは、その活動が個人ではなく、集団を動かすことを目的としていたからであり、「総合的」というのは、社会生活のすべての面を改善しようと望んだからである。また、「断絶することのない」とは、結果としてもたらされる発展が伝統を基盤にして実現されなければならなかったからである。ガミオのその先駆的な試みは、一九三二年にモイセス・サエンスがインディオの統合を目指して、ミチョアカンのタラスコ人のためにカラパンに創設した実験施設で再び実行に移された。観察と実験と活動を目的とするその施設は、共同体を虚脱状態から救いだすためには、どうしても関わらざるをえないさまざまな異なる社会問題を切り離して考えることと、実験で得られた結果に基づいて、国家レベルですべての先住民地域に一貫して適用可能な共同体開発の方法論を明確にすることをめざした。施設はかなり早い段階で活動を中断したが、それは、その野心的な事業がすべての成果をあげるには、かなりの時間を必要としたからである。しかし、サエンスの実験施設は、インディヘニスタたちが思索をめぐらし考察する段階から、行政当局の支援を得て活動に乗り出す方向へ進むうえで重要な指標となった。もっとも、それは、同じころ、社会変革を統制することと、インディオを近代的な生活へ組み入れるために数々の技術を利用することを目指して、ラテンアメリカで試みられたさまざまな計画の一例にすぎなかった。

一九三八年、リマで開催された第八回米州会議で、インディオ問題に関する情報交換とインディオ問題の解決を目的に実施されたさまざまな試みの照合が提案された。メキシコ政府はその提案に応じて、一九四〇年、米州諸国インディヘニスタ会議を招集した。会議は、四世紀も前にバスコ・デ・キローガが高邁なユートピア思想に動かされて「プエブロ・オスピタル」を建設した場所、つまり、パツクワロで開催された。会議には、大陸から一八か国の代表が参加し、参加者はインディオの置かれている状況を分析、検討したうえで、政府に対し、その悲惨な状況の改善と、最終的な撤廃に必要な一連の細かい措置を提案した。すなわち、彼らは土地の再配分、識字化と教育、生活環境の改善、女性の地位の向上、児童の保護、農業および家内工業の発展、食生活や居住環境および労働条件の改善などを提案したのである。

会議における審議を支配したのは、メキシコの文化主義的思想であった。そして、文化主義的思想に影響を受けた重要な原則が三項目提案され、最終決議のなかで厳かに宣言された。それ以来、その三原則はインディヘニスモ政策の指針となった。第一の原則は、インディオ問題は公的な関心事であり、緊急性を帯びているということである。つまり、国家は直接インディオ問題を引き受けなければならず、各国の政府は例外なく、優先的にインディオ問題を扱わなければならない義務を負っているとされた。第二の原則は、インディオ問題は人種問題ではなく、文化的、社会的かつ経済的な性質の問題だということである。人種間の不平等を正当化するような理論に基づく実践はことごとく公式に批判され、インディヘニスモの実践が目指すのはインディオを非インディオ系の人びととまさしく同等の地位に位置づけることだとされた。最後に、三番目の原則は、先記の目的を達成するためには、以下の三項目、すなわち、インディオの諸権利が現行の法律体系の枠内で保護され擁護されること、彼らの経済発展が保証されること、そして、彼らが近代的な技術や世界文明の恩恵に浴することが確約されなければならないということであり、その際、インディオの建設的な価値観や、彼らの歴史的かつ文化的な人格に対して、敬意を払うことが求められた。すなわち、先住民文化は明らかに各国の文化を豊かにする要因、そして、国民を結束させる要因として認められたのである。

パックワロ会議の勧告に従って、インディオに適用される各国の政策を協議する大陸規模の機関として、米州諸国インディヘニスタ協会（III）が設立され、協会は、一九六〇年に他界するまでマヌエル・ガミオが総裁を務め、一九四八年、米州機構（OEA）の専門機関になった。数々の規定の立案や、単なる勧告から計画の実行にいたるまで、さまざまな権限をもつ全国インディヘニスタ協会が一九四三年にコロンビア、エクワドル、ニカラグワ、四四年にコスタリカ、四五年にグァテマラ、四六年にペルー、四七年にアルゼンチン、四九年にボリビア、そして五二年にパナマで、それぞれ誕生した。一九四八年の法律でメキシコに創設された全国インディヘニスタ協会（INI）は、アルフォンソ・カソの指導下、最も目覚しい活動を繰り広げた。メキシコの全国インディヘニスタ協会は連邦政府の代理機関として、財政面での自治と法人格を与えられ、メキシコのインディヘニスモ政策を立案し実行するうえで基本的な役割を果たす研究組織となり、調査、勧告、計画の実行と情報収集を担当した。また、協会はすべての省庁と、インディオ居住地域に設置された他の政府機関を調整する権限を有した。調整は「統合センター」を通じて行なわれ、最初の統合センターは一九五一年、かつてバルトロメー・デ・ラス・カサスが司教を務めたチアパスに住むツォツィル人とツェタル人の居住地域に設置された。二番目に設置されたのは、その翌年、タラウマラ人居住地域においてであった。一九五四年、オアハカに、つまり、ミシュテカ人とマサテコ人の居住地域に、統合センターが三つ、創設された。センターはいわばその土地に根づいた文化使節団のようなものであり、豊富な資源と大きな特権を授けられた。センターを指導したのはつねに文化人類学者であり、そのことは、インディヘニスモ政策が人的かつ社会的な要因に重要性を払っていたことを如実に示している。統合センターには、インディヘニスタ協会が管掌する重要な五つの分野を代表する部局、すなわち、教育、保健衛生、農業、通信と法律問題を担当する部局があり、各部局には、一人の専門家の責任のもとで活動する技術班が配置された。

メキシコと異なり、財源や人的資源に恵まれない南アメリカの国々はインディヘニスモ政策を実行するにあたり、多国間の援助に訴えた。国連の技術援助局（BAT）は、一九二一年以来、独立国における先住民の生活条件と労働条件の改善に関して豊富な経験を積んでいた国際労働機構（ILO）にアンデス使節団の創設を委託し、それには、食糧農業機構（FAO）、世界保健機関（WHO）、国連教育科学文化機構（UNESCO）、世界児童緊急基金（UNICEF）と世界食糧計画（WFP）が参加することになった。アンデス使節団は、一九五三年にペルーとボリビア、五四年にエクワドルで活動を開始したが、その「活動方針」はメキシコの統合センターをモデルに作成され、それぞれの国の専門家と国際的な専門家たちで構成される学際的なチームによって実行に移された。ペルーでは、使節団はプノ地域の人口過密な高地への人口集中を緩和する計画を支援し、アンデスのアマゾン流域地方への人口移動を推進した（プノータンボパタ計画）。そののち、使節団は活動範囲をアヤクチョ、アプリマク、クスコ地方へと拡大し、それらの地域はプノとともに、国内で最もインディオ人口の集中する地域となった。使節団はそれとは別に、ボリビアのサンタ・クルス地域で、ティティカカ湖岸出身の移住者による低地の植民計画（コトカ計画）を支援し、一方、共同体の開発を目指す計画を三つ、実行に移した。そのうちの一つは主に、協同組合主義（ピリャピ計画）、いま一つは教育（プラヤ・ベルデ計画）、そして、最後の計画は保健衛生（オタビ計画）にそれぞれ関わるものであった。エクワドルでは、使節団は一九五六年にリオバンバに設置され、五九年以降、山岳地帯全域に活動を広げたが、それ以前、伝統的に織物の手工業に根ざしたオタバロ地域の経済の近代化を図った。

アンデス使節団はその活動範囲を、一九五八年にコロンビアのカウカとグァヒラ地域、一九六一年にチリのアリカ地域とアルゼンチンのフフイのステップ地帯、そして最後に、一九六三年にはベネズエラ、とくにコロンビアとの国境地帯に居住するグァヒロ人たちへ拡大した。しかし、一九六〇年代初頭から、計画の責任が次第に各国家へ移譲され、各国の役人たちが国際的な専門家に取って代わり、公共機関が国連の援助のもとに設置された組織を吸収することになった。一九六一年、ペルーはアンデス使節団を「全国先住民族統合計画（PNIPA）」に併合し、「計画」は発展を担う国家機関の人民協同組合を支えることになった。ボリビアはアンデス使節団を一九六七年に共同体の開発を目指す国家組織に、また、コロンビアも同年、全国インディヘニスタ計画にそれぞれ、統合した。一九七三年、アンデス使節団は完全に国営化され、公式に解散した。

インディヘニスモ政策は、一九五七年に世界労働機構が先住民族や部族や準部族に関して定めた第一〇七条項によって国際的に承認された。その条文は、一九四〇年にパツクワロで開催された米州諸国インディヘニスタ会議で提案された原則を反復したものであり、換言すれば、その原則に普遍的な重要性が付与されたのである。

Ⅲ　特徴

インディヘニスモ政策とは、国家がインディオと非インディオ系の人びとの間に介在する文化的、社会的かつ経済的な不均衡を解消することを目的に、専門の行政組織を介して、先住民の内部に統制された計画的な変革を導入するために実行した体系的な活動と定義づけることができる。インディヘニスモ政策は、独自の法律的な枠組みを確立し、教育分野にかなり重要性を払った。また、インディヘニスモ政策は、発展の方法論に基礎を置き、そして、その方法論を実行に移すことを目的とした社会工学を産み出した。

1　法律

インディヘニスモの法律は、インディオに固有の法律上の身分を与えるのを目指したものではなく、したがって、共和体制を支える「平等」の原則に背くことはけっしてなかった。インディヘニスモの法律は、保護主義的であると同時に差別的であったインディアス法体系を蘇らせるどころか、逆に、インディオたちが独立とともに手に入れたにもかかわらず、過酷な生活条件のために行使できなかった市民としての諸権利を実質的なものにすることを目指した。インディヘニスモ法に規定された先住民保護条項は、幼児、女性や労働者など、先住民と異なるカテゴリーの人びとがそれぞれの社会的地位に応じて享受する保護条項と変わりがなかった。したがって、長い間、保守主義者はインディオに有利な特別措置の採用に異議を申し立て、特別措置の採用は社会を人種の基盤に基づいて分裂させるに等しいと論じたが、その主張にはまったく根拠がなかった。問題は植民地時代の過去へ回帰するのではなく、その遺産を完全に清算することにあったからである。

それはそれとして、インディヘニスモ法は、基本的には、十六世紀以降、白人とメスティーソの支配に苦しめられてきた高地に住む農民インディオのために起草されたものであり、したがって、インディヘニスモ法では、低地の半定住的な人びと、つまり、ラテンアメリカの先住民人口全体からいえば、確かにその比率がかなり低い人びとの置かれている特殊な状況はほとんど考慮されなかった。おそらくブラジルを除いて、アマゾン河流域に住む民族集団は、いまだ法的身分を奪われたままである。他方、彼らの大部分は行政当局の支配を逃れ、行政当局も、コロンビアもしくはベネズエラの場合のように、しばしば伝道修道会に絶対的な権力を委ねた。それでも、米州諸国インディヘニスタ会議は、行政当局自身に、その権力の行使を求めた。その結果、アマゾン河流域の沿岸国家が、ブラジル政府の主導下、実質的にアマゾン河流域の土地の領有化に着手し、国境の安定を目指す政策の範囲内で、エスニック集団を法律上の曖昧な状態から解放しはじめたのは、ようやく一九六〇年代末ころのことである。一九七八年に締結されたアマゾン協力条約は、五世紀前に始まったアメリカ征服の終焉を告げると同時に、密林奥深くに分散した一部の小規模な先住民共同体が依然として享受していた自治を完全に喪失したことをも意味した。

2 教育

インディオに特別な教育を施そうともくろむ保守勢力に対抗して、インディヘニスモは統一的な無償の義務教育の原則を主張した。一九二〇年代以前に先住民教育のために払われた努力はインディオから「野蛮性」を取り除き、彼らを、行政当局に従順で、私有財産を尊ぶ市民に仕立てあげるのを目的とした儚いものであった。それは、「カースト戦争」を防止することと、社会における人種と階級の序列を変えてしまうような上昇移動の現象が生起しないことをもっぱら目的としたものであった。そのような教育理念に素早く反応したインディヘニスタは、教育を解放と個人的昇進の手段ならびに社会の近代化の道具と考え、インディオが白人やメスティーソと同じ教育を受けられることを求めて闘った。バスコンセロスは、彼らを突き動かした肌の色を越えた精神に心を動かされて、それぞれの文化使節団に世界文学の古典を含む蔵書を提供することになった。そして、使節団がロバの鞍の上に乗せることができるよう、また、そうして、はるか遠方の僻地にある寒村にまで届けられよう、出版物の判型が特別に検討された。事実、その普遍主義はナショナリズムと結びつき、学校は二つの目的、すなわち、文化を万人の手の届くところに置くことと、全員に同じ文化を提供することを使命として担うことになった。

したがって、教育体制が先住民の現実の日常生活に参与するのに必要とされる順応策と、教育内容をインディオがより容易に同化できるようにするのに不可欠な特別な教育方法が、実に慎重な形で実行に移された。あらかじめ母語で識字能力を身につけた生徒にスペイン語を教えるほうがはるかに簡単であるという考えは受け容れられたものの、それにはかなりの困難が伴った。土着語を用いて教育を授けることが政治的かつ思想的に反対されたばかりか、技術的な困難にも直面したからである。つまり、先住民語を記号化することや、それを筆写する方法を確立すること、それに、教育資材を編纂することが容易な作業ではなかったのである。それにもかかわらず、とくに一九四五年にメキシコで創設された先住民語による識字化研究所がその困難な課題に取り組んだ。しかし、とくにその任務を担ったのは、メキシコ政府が一九三七年に協定を締結し、ラテンアメリカに導入した夏季言語学院（ＩＬＥ）である。夏季言語学院は、オクラホマにあるアメリカのプロテスタント系の組織、つまり、聖書を世界中の人びとの手に届けることを目指すウイクリフ聖書翻訳所に所属し、一九四五年にペルー、五三年にエクワドル、そして六一年にコロンビアに、それぞれ開設された。コロンビアでは、自国の言語学者の専門知識が教育計画のために利用された。しかし、言語学院が二つの教育目的を達成するために実践した二重言語主義と二重文化主義はたちまちおびただしい批判を浴びた。インディヘニスモが認めた唯一の二重言語主義は過渡的なもの、つまり、国語への移行を可能にする二重言語主義であった。一九七〇年代以前、土着語を教育に利用したのは一部の国にすぎず、他方、その国々でも、移行のための二重言語主義の採用はほとんど実験段階を越えなかった。

それに引き換え、学校は子供に学問的な知識を伝達したり、若い先住民世代に国民文化を教え込んだりすることだけにとどまってはならないという考えは、すぐに受け容れられた。学校は、夜間授業、成人のための識字教育運動、女性のための家政経済の授業計画、農業拡大プロジェクトや文化、芸術、スポーツの計画を準備したり、立案したりして、地域の共同体全体に影響力を及ぼすことが求められた。たとえば、メキシコのエピードでは、学校が土地を所有し、放課後、生徒たちはその土地で新しい作物を栽培したり、近代的な農業技術を実習したりした。そして、その収穫は生徒の両親に配分され、そうして両親たちは改革の成果と改革を受容することの大切さを理解することになった。一九四七年にユネスコが明らかにした基礎教育の理念は、一九五一年にメキシコに設置された基礎教育地域センター（CREFAL）で発展させられたが、その理念は明らかに、一九二〇年代以降にラテンアメリカで行なわれた基礎教育の試みに依るところが大きい。その試みは、地域に開かれただけでなく、共同体という制度に完全に統合され、まさに土地の住民の共有財産となった学校という枠組みのなかで実施されたのである。

3　共同体の開発

インディヘニスモ政策は先住民共同体に活動の目標を定めた。メキシコの全国インディヘニスタ協会の統合センターやアンデス使節団の活動基盤、それに、すべての開発計画は、たとえ地域全体に影響を及ぼしたときでも、あくまで共同体という空間に関わっていた。共同体には、通常、停滞を招くあらゆる要因が認められるが、同時に、進歩するための基本的な要素も存在した。共同体の開発とは、そのような要因や要素に働きかけて、近代化のプロセスを開始することであった。したがって、変革は外部から強制されるものではなく、とくに、社会解体という現象が生じないよう、充分に統制された制度の再編成を通じて、共同体の内部自体で生み出されるべきものであった。

共同体の開発は伝統的な制度を利用し、それに新しい方向を示すと同時に、新しい役割を与えた。そうして、植民地時代に起源をもつ人民集会（カビルド・アビエルト）が、共同体の住民を召集し、彼らに共通して関係する決議を採決し、革新的な計画を討議する場となった。開発を指導する機関の役割は、独断に走ることなく、人民集会に計画を提示し、その反響に耳を傾け、計画の示しうる利点を強調することであり、計画の最終決定権は共同体が握っていた。共同体は適切な計画を選択し、独自の基準に従って計画の優先順位を決定し、その実行の日程を定めた。

共同体の開発に寄与したいま一つの伝統的な制度は、さまざまな名前（ミタ、ファエナ、レプブリカなど）のもと、一年を通じて、定期的に共同体の住民の労働力を共益事業に動員するものであった。だからといって、その協働体制のもとで、共同体の住民は、通常の目的〔生産活動〕から外れることなく、学校あるいは医療センターの建設や、生活環境を衛生的なものにするための飲料水の配管工事、あるいは、収穫が雨季に左右されずにすむようにと実施される用水路の掘削に利用された。共同体開発の原則の一つは、計画を決定した人びとが労働に従事することによって計画の実行に参加し、開発を指導する機関はもっぱら財政支援と技術援助を行なうということであった。そのように役割分担を実行する際、共同体は、計画を必要不可欠なものとして実際に受け容れることと、計画がいったん完了したあと、達成された成果が利用されずに放置されないことの二項目を保証することに同意した。

昔からある先住民の組合的組織に新しい方向を示し、それを再び機能させることによって、生産、消費、あるいは、信用貸しに関与する協同組合の創設が図られた。それに引き換え、共同体の信仰組織と伝統的な呪医《じゅい》の地位が問題視されるにつれて、近代医学の導入はますます困難になった。呪医の治療行為の実践が、ヨーロッパ的な世界認識と根本的に異なる世界観に組み込まれていたからである。呪医は超自然的な事柄に関する専門家であり、人びとの肉体的かつ精神的な健康に役立つよう、宇宙の力を操った。呪医は大きな権威を揮い、社会統制に関与していた。したがって、開発を指導する機関は、彼らの経験知を共同で利用できるような予備的な医学教育を施して、彼らを仲間にしようと試みた。事実、呪医たちは、風土病根絶の運動期間中、看護助手もしくは病院の補助者として雇われた。

インディヘニスタがこの上なく効率的に活動するためには、共同体内部に常時、仲介者と調停者を配置しておく必要があると、早い時期から考えられた。一九二六年以降、メキシコでは、若いインディオの教育を目的として先住民学生の家が創設され、〔教育をうけたあと〕彼らは出身の共同体へ戻るとすぐ、その土地の住民の要求や必要性を〔当局に〕伝え、変革の媒体になると考えられた。しかし、文化変容を遂げたインディオたちは、委ねられた仲介者としての役割を果たすのに、数多くの障碍に直面した。それは、彼らがもはや仲間からインディオと見なされなかったためか、彼ら自身がインディオとして自己認識をしなくなったからか、そのいずれかによるものであった。そのような「文化的推進者」は、与えられた任務を、社会的昇進を果たす出発点と見なし、そのため、一定期間が過ぎると、彼らは自分の置かれた生活環境とはっきり手を切り、都市のメスティーソのなかに融合し、そうして、文化的にメスティーソとして自己認識することになった。開発を指導する機関が完全に職業意識に目ざめた文化的推進者を集めて安定した組織を結成することができるようになったのは、ようやく一九六〇年代の終わりころ、社会的垂直移動の可能性が低くなりだしたころのことである。

共同体の開発では、とくに、共同体の僻地化をなくすことと、道路網を通じて共同体を地方の主要都市と連結することに、重要性が払われた。生産性の向上と生産量の増大によって共同体で生じた余剰生産物を、直接、都市の市場で売却するには、道路は不可欠であった。しかし、同じく道路が必要とされたのは、都市の市場で提供される新しい品物が共同体へ届けられるためでもあり、ひいては、間接的にせよ、それに促されて、共同体の住民が品物を手に入れようと考え、なおいっそう生産活動に励むようになるのを願ってのことであった。市場経済への共同体の参入は、変革によって生じることが期待された結果であるが、一方では、いわば経済的変動によって、発展の条件と考えられていたことでもある。しかも、市場経済への参入が、自由主義の影響を受けた総合的な農業発展の主要目標になった結果、農村近代化の方法論としての共同体の開発は、一九七〇年代、世界銀行の影響を受けることになった。

4　社会工学

インディヘニスモ政策の最後の特徴、そして、おそらく他に例を見ない最大の特徴は、その目的を達成するために作り出された社会工学である。インディヘニスタの活動は、政策が適用される環境に関する認識を前提としていた。その予備的な知識がなければ、ガミオによると、「人びとの必要性は、一方的に満たされるか、またそれゆえ、満たされても、有効なものにはならないだろう」。したがって、インディヘニスタたちは社会科学、とくに、人類学に重要性を払い、ガミオは人類学に対して、「すぐれた統治の実現」を可能にするため、「統治の手段であり、対象でもある原材料、すなわち、人びとに関する知識を提供すること」を求めた。人類学はその公益性が認められ、「政治的」学問の地位にまで高められ、国家の計画に利用された。ガミオが一九一七年に農業振興省に設置した人類学局はラテンアメリカで最初のものであり、その規約によれば、「一貫性のある明確な国民意識と正真正銘の祖国が形成されるよう、人種間の和解、文化の融合、言語の統一、人びとの経済的均衡の基盤づくりをする」のを使命とした。

カソが一九四二年にメキシコ市に設立した国立人類学研究所、バルカルセルが一九四六年にリマで創設した民族学研究所、それに、同じころ他の国々で生まれたさまざまな教育機関や民族学研究所がそれぞれ担った第一の使命は、世事に疎い研究者を育てることではなく、インディヘニスモのために必要とされる専門家や指導者を提供することであった。たとえそれ以外に専門職の口がなかったにせよ、人類学者でないインディヘニスタがいなければ、インディヘニスタでない人類学者も存在しなかった。人類学は、インディヘニスモ政策の必要性に応じて発展し、その政策を理論的に方向づけ、問題意識を吹き込み、数々のテーマを決定した。人類学はインディヘニスモ政策に従属したが、それは否定的な結果ばかりを導いたわけではない。とりわけ、インディヘニスモ政策により、ラテンアメリカの人類学者は「文化変容」という現象を研究することになり、それは、「文化変容」という概念が一九三六年に学界で最終的に認められるよりはるか以前のことであった。

人類学は、インディヘニスモ政策が効率よく実行されることを目的に、インディオに関する情報を収集し、編纂しただけではない。人類学者はさまざまな段階でインディヘニスモ政策の実施に立ち会い、政策実行の手段を工夫して考案することにも取り組んだ。たとえ政策の実行によって変化が認められても、サエンスがカラパンに設立した実験的な研究所もまた、変化を産み出すことと、その変化を規制できる技術を明確に示すことを試みたのである。実験場という環境のもとで社会的変化を創出することや、社会的変化の規制を確実にするような社会的技術を確立することは同じく、一九五一年以降、アンデスのビコスで、ペルーのインディヘニスタたちとコーネル大学の人類学者の共同機関で行なわれた研究の中心テーマであった。社会工学の分野におけるラテンアメリカの実験は、人類学の下位分野としての応用人類学の形成に大いに寄与したのである。

Ⅳ　評価

インディヘニスモ政策を批判的に分析すれば、非力さ、不充分さ、あるいは、瑕疵がいくつか明らかになり、その重要性が減じられるのは火を見るより明らかである。インディヘニスモ政策は、総合的な活動を行なう傾向にあった。しかし、その活動を担った行政機関同士の調整は、数々の困難に直面し、その困難は必ずしも簡単に乗り越えられなかった。たとえば、どの国でも、インディヘニスタの機関は土地変数に対し確実な影響力を行使できなかった。農地改革を委託された組織が、依然として独占的に土地を管理していたからである。まれに見るほど大きな権威を委ねられたメキシコの全国インディヘニスタ協会でさえ、土地の再配分を共同体開発の戦略へ組み入れることができなかったのである。

インディヘニスモ政策は、伝統的な生活の枠組みを破壊しないよう配慮したため、近代化を開発プロセスのなかに組み入れることになり、その結果、長期にわたって近代化の実現が阻まれた。インディオが晒された変化はしばしば、彼らが取り込むことのできる変化より小さく、また、彼らの生活条件を根本的に変えるのに必要な変化にはとうてい及ばなかった。他方、インディヘニスモ政策は、現存するあらゆる障碍の源であると同時に、来るべき開発へのあらゆる活力をもたらす組織である共同体の内部で実行に移されるとき、開発をかなり大きく左右する外部の要因を無視した。とくに、インディヘニスモ政策は、各地域において、インディオの伝統主義を補強するような、そして、明らかに変化にとって最大の障碍となるような搾取の構造を、そのまま温存した。近代化した共同体で生産された余剰生産物は、メスティーソの商人たちを活気づけた不平等な取引のネットワークへ巧妙に引き寄せられた。したがって、共同体の住民は相変わらず貧しいままであり、彼らの努力も次第に萎えていった。市場へ直接通じる道路の建設や協同組合の設立も、強欲な仲介者の存在を避けることができず、彼らの活動を衰退させるのに充分ではなかった。エクワドルのチンボラソの場合と同じように、メキシコのチアパスでも、インディオに与えられた援助は、最終的には、彼らを搾取する非インディオ系の人びとに利益をもたらす結果となり、場所によっては、インディオに対する援助が、いまだに強奪という昔からの仕組み、それも、以前以上に収益性を増した仕組みを強化するだけに終わった事例も観察された。

結局のところ、つねにみずからの実施するインディヘニスモ的活動を誇大に宣伝し、その活動にもとづいて自己の正当性を補おうとする政府は、めったに目的達成に必要な物質的な手段を提供しなかった。インディヘニスモ政策の適用範囲の拡大は、たいてい緩慢に行なわれ、したがって、財政状況の不測の事態に晒されることが多かった。一九六六年、ペルーでは、人民協同組合が経済的沈滞に陥った議会から、突然信用貸しを断たれ、その結果、全国先住民族統合計画は延期を余儀なくされた。また、あるインディヘニスタが苦々しい思いで指摘しているところによれば、一九六八年、メキシコで、五〇〇万ないし六〇〇〇万のインディオに責任を負う全国インディヘニスタ協会に割り当てられた予算額は、メキシコ市を花で飾るのに割り振られた予算総額を超えなかった。

国家が農村世界の近代化のために用いたすべての財源のうち、先住民共同体が受け取ったのはほんの一握りにすぎなかった。政府は例外なく、財源の大部分を、技術的に改良できるような、また、徹底的な資本化を通じて生産性を高めることが可能な農業の開発にふり向けた。また、政府は、しばしばインフレ率を下回る低金利の信用貸与や、加速度的な償還を可能にする財政措置を講じたり、燃料の公定価格を引き下げたりして、農業の機械化と農業における工業生産要素の利用を促進した。共同体が利用できないそのような措置によって、小規模なインディオ生産者を中規模や大規模な経営者から分断していた隔たりがますます拡大する結果になった。カルデナスの農地改革以後、メキシコが最初に参加した

「緑の革命」は、公的な資金が農業の改革部門から民間部門へ新しく流れていく形となって現われた。民間部門が国内の食糧需要を満たすと同時に、余剰生産物の輸出によって貿易収支の均衡に貢献する役割を担ったからである。

インディヘニスモ政策と国家が握っていた大きな経済的選択権との間の矛盾は、一九五〇年代からますます顕著になった。そのころ、都市への人口集中が人口学上および政治上の重要性を帯びはじめ、政府当局はできるだけ少ないコストで都市部への食糧調達を図ることにますます関心を向けるようになった。生活に必要な食料品をすべての市民の手に行き渡らせるため、また、生活費の上昇によって社会紛争が勃発するのを防ぐため、さらには、工業労働者の賃金の高騰を抑え、インフレを抑止するため、政府は国境を次第に大きく開放し、外国産の大量消費向け農産物の輸入を図った。それらの農産物には、しばしば補助金が出された。その結果、かつて比較的大きな保護を受けていた小規模なインディオ生産者がとうてい対抗できない国際競争の影響をまともに被った。そして、行政当局が、あるいは、都市の市場に対する従来以上の商品供給を目的に創設された国立の商業センターが、インディオに生産コストを下回る価格で生産物を売却するよう強制したとき、彼らの経済的状況はなおいっそう不安定なものになった。

農業の資本化が奨励され、農作物価格に対し、直接、間接を問わず、圧力がかけられた結果、インディヘニスタたちが共同体の開発に資することを目的に活動して達成した成果が台無しになった。いたるところで、共同体は危機に陥った。先住民農民層は解体され、都市への移住の流れに身を委ね、都市では、絶え間なく増加するインディオがメスティーソのプロレタリアート大衆のなかへ消えていった。都市への移住は一九四〇年代に始まり、急速に激しさを増し、とうとう、次の三〇年間に、ラテンアメリカでは、農村人口と都市人口の比率が逆転するまでになった。都市への移住の結果、ペルーの人口密集地帯の中心が山岳部から海岸部へ移り、自尊心の強い白人の都市リマは、アンデス高地から下りてくるインディオたちの侵入によって、民族とエスニック集団、それに文化の坩堝と化した。

インディヘニスモは明らかに農民の生活改善を目指し、先住民をその生活環境のなかで近代化しようとした。しかし、先住民の耕作地は近代化するどころか、誰もいなくなった。同じように、インディヘニスタたちは、彼らが肯定的に評価したものにかぎって、インディオ文化を維持し、否定的に思えたものについては、それを西欧的な要素に代替させようとした。彼らの文化概念は明らかに機械論的で、その試みは初めから、期待された結果を導くようになっていた。実際、文化というのは、その文化を構成する他の要素にまったく影響を及ぼさずに、また、その構成の秩序を乱さずに、一部だけを変えることができない、ひとつの完成された総体である。たとえば、灌漑施設の建設は生産の増大をもたらすが、同時に、施設を利用できる共同体の住民と利用できない共同体の住民の間に差異を生じさせる。同じく、その結果、雨乞いの儀式は放棄され、それまで農業活動を見守ってきた神々への信仰も廃れてしまう。いかに控えめなものであっても、革新は社会関係や文化的行為、それに世界観までも変えてしまう。事実、先住民の近代化は、共同体にある農村学校の机の上で始まった西欧化と表裏一体をなすが、都市においで達成されたにすぎない。しかも、都市における彼らの近代化はもっぱら単純な文化変容に帰着した。すなわち、農村を離れたインディオは、都市環境に身を置くと、社会階層内で一段と楽に身分を引き上げることを願って、かつての自分の身分と結びついた出自の文化の残滓を守りつづけるどころか、文化そのものを葬り去ろうとしたのである。

いくつかの数字から、そのような現象のプロセスの規模を測ることができる。ラテンアメリカの人口は、一九二〇年から七〇年にいたる期間、年平均二・五パーセントの割合で増加し、七〇年代には二億五〇〇〇万を越えた。一方、先住民として調査に記録された人びとの数は安定しており、ほぼ三〇〇〇万である。したがって、インディオがラテンアメリカの総人口に占める比率は一二パーセントに減少している。長期にわたって人口調査が実施され、比較的正確かつ信頼できる統計資料を提供してくれるメキシコでは、インディオ人口は三〇パーセントから八パーセントに減少した。したがって、カソがその傾向を長期化すると見て、先住民問題の完全な解決は経過年数の問題にすぎないと予測したのは正鵠を射ていた。たとえグァテマラ、エクワドルやボリビアのような一部の国において、インディオ人口の減少がさほど目を見張るものでなくても、ラテンアメリカ全体でいえば、先住民人口の増加分がことごとく、国民社会に完全に吸収されているのは確かである。したがって、先記の五〇年間に、数千万のインディオが、インディオであることを自己認識させるような文化的、社会的かつ経済的な状況から逃げ出したことになる。そのように、「インディオ性」を「国民性」のなかに解消させる大規模な動きは、基本的には、社会形成に関わる三つの要因によってもたらされた。三つの要因とは、農村における学校教育の整備、都市への農村住民の移住——最初に移住したのは教育機関を卒業し、国の公用語が話せるものだった——と、かなり大きく開かれた階級構造に組み込まれた移住者たちのプロレタリアート化である。そして、その階級構造は彼らに、個人としての社会的上昇の大きな可能性を保証した。そうして、一世紀前に立案された国家計画が一九六〇年代の末に実を結ぶかに思われた。

第五章　インディヘニスモからインディアニスモへ

インディヘニスモは、その目的が達成されるかに思えたちょうどそのとき、厳しい非難を浴びた。つまり、インディヘニスモの実践が目指した社会統合と文化的同化を、「インディオ性」という、侵すことのできない権利の名のもとに、非難する声が上がったのである。その声は、先住「民族」の代弁者、すなわち、かたくなに自己の文化的存在を守りつづけることを願い、メスティーソ国家への融合、つまり「民族抹殺《エスノサイド》」を拒否するインディオの「民族意識」を代弁する立場をとる組織から発せられた。インディヘニスモに対する非難の声が明らかにした権利の主張は、次第に社会の重要な部門に理解され、国家機関や外国の機関にも受け入れられた。そして、それらの機関はその主張に精神的な支援、もしくは、物質的な援助を行なった。インディアニスタの組織の指導者や幹部はたいていの場合、農村出身のインディオであったが、しかし、彼らは都市化され、教育を受け、西欧化していた。インディオは農村を離れて都市で甦ったのだろうか。西欧化はインディオに、自我意識をもたせたり、ことごとく差別されるなかでその自我意識を確固たるものにする手段を提供したりする効果があったのだろうか。

実際のところ、現在、ふたたび「インディオ性」がにわかにクローズアップされたのは、世界化のプロセスと同時に国際的な規模で起きた民族意識の甦りが、ラテンアメリカでも生起したことを示している。また、それは、国家の発展モデルが消滅したことと、その結果、干渉主義的かつ援助主義的な政府が破綻をきたしたこととも関連している。換言すれば、インディヘニスモからインディアニスモへの移行は、ポピュリスト時代の終焉と、ラテンアメリカが新しい自由主義の時代へ入ったことに呼応しているのである。

I　発展モデルの消滅

社会の近代化とインディオ集団の国民への同化は、それを支えた運動の底流にあった輸入代替的工業化に基づく発展モデルが有効だったことを証明している。一九四〇年から七〇年にいたる期間、国内総生産（PIB）は年平均五パーセントの割合で上昇した。工業製品にかぎって言えば、総生産はかなり高い率で増加し、メキシコのような一部の国では、年八パーセントか、それ以上の高率に達した。それにもかかわらず、一九六〇年代終わりころから、発展モデルは衰退の兆しを見せはじめ、一方、経済成長率も下降しだした。農産物の輸入に対する関税障壁は引き下げられたが、外国製加工品との競争に対抗して立てられた関税障壁に守られたため、ポピュリスト国家が創設した公営企業と、政府の庇護を受けて繁栄した民間企業は、活力を失った。それらの企業は閉鎖的な市場で既得権を享受したが、他方、その吸収力は国民所得の不充分な分配によって限界に達した。公共赤字に対し、一貫して国際的な信用機関からの融資に頼った結果、一九七〇年代を通じて、発展モデルは維持されたが、ついに八〇年代の初め、ラテンアメリカは歴史上最悪の財政危機に陥ることになった。

他方、経済機構は労働市場で提供される労働力を次第に吸収できなくなった。その理由のひとつに、〔ラテンアメリカにおける〕工業化が、前世紀にヨーロッパやアメリカ合衆国で展開したプロセスを繰りかえさなかったことがある。しかも、工業化は完成品としての消費財部門で始まり、耐久財部門へ受け継がれ、最後に、資本財部門へいたるが、各部門において、最も近代的な技術を応用し、その技術は莫大な投資を必要とする一方、比較的わずかな雇用しか創出しないのである。いわゆる「資本の集中と労働力の節約」である。事実、ラテンアメリカの工業生産は一九四五年から八〇年にかけて六倍に達したが、一方、それを確保するのに不可欠な労働力は三倍にも達しなかった。その三五年間、投下資本単位当たりの創出された仕事の数は減少の一途を辿ったのである。

しかし、経済機構が雇用の要求に応えられなかったのは、ラテンアメリカが前例を見ないほどの人口爆発を経験した結果、労働年齢に達した人口がかなり増加したことに起因する。一九七〇年、ラテンアメリカの人口増加率は二・八パーセントに達し、熱帯アメリカに位置する国々では、三・四パーセントにも上った。それは、保健衛生事業の拡大にともなって死亡率が低下したことと、産児制限が社会的かつ文化的な障碍に直面し、そのため高い多産率が維持されたことが重合した結果である。たとえ人口増加率が安定し、一九七五年以降、緩慢だが減少する傾向にあるとしても、すぐに利用できる労働力の実数は増えつづけた。労働市場に参入した人びとの年平均増加数は、一九五〇年代で一三〇万、六〇年代では一九〇万だったのが、八〇年代になると三一〇万、さらに、九〇年代には三九〇万にまで達した。

その結果、雇用状況は著しく悪化した。さまざまな国家機関や、国際労働機関の地域雇用計画(PRELAC=「ラテンアメリカおよびカリブ地域雇用計画」)のような、国際的な機関が行なった調査によれば、実労働年齢層で正規に就労している人びとが人口に占める割合は、国によって三五パーセントから六五パーセントと異なっている。すなわち、最低の比率に従っても、失業と不完全就労が利用可能な労働力の三分の一以上を占め、最も高い比率の場合には、それは三分の二以上にも達している。労働者に対してよりすぐれた専門化教育を授ければ、いつか時が来れば、社会から疎外される集団は存在しなくなると考えられたが、その集団は依然として存在したばかりか、その数を増し、しばしば国民人口の大部分を占めるほどの高率に達した。そのような状況下、〔社会における〕上昇移動の可能性は減少し、最終的には停滞した。たとえ上昇移動の道が残されたとしても、その行く先はどこにも通じていなかった。教育と移住によって、インディオたちは労働者に変貌したが、それも、もはや社会的に無意味なものになった。インディオたちは依然として移住の流れとなって、工業化され都市化された中枢部へ引き寄せられ、もはや階級構造に統合される機会をまったく失い、また、以前と異なり、親は子供が社会で上昇するのを見届ける期待すらもてなくなった。そうして統合が不可能になったとき、インディへニスモはその役割をことごとく喪失した。

ラテンアメリカの社会は新しい様相を呈している。もはや社会を貫く基本的な分裂が階級を越えることはない。分裂の結果、いまや、階層化され、組織化され、直接生産と結びついた部門が、経済機構によって生産過程の枠外に置かれた周縁的で無機的な大衆化された部門と対立している。それにもかかわらず、大衆化された部門は、賃金に影響を及ぼすはずの「予備軍」の規模をはるかに越えている。すなわち、経済的に役に立たず、もはや社会的にも利用できない人びとが数知れず存在し、したがって、たとえ無償で労働力を提供したとしても、明らかに全員が就労することはできなくなっているのである。

大衆化された部門に属する人びとは、この上なく不安定な生活を送り、明日の暮らしの目処もまったくたたない。首都や各地方の中心都市、それに中規模の都市をそれぞれ取り囲む大きなスラム街で、彼らは物質的にも精神的にも悲惨な状態から抜け出せず、仕方なく生き残り戦略に訴えるが、それも束の間のことにすぎない。彼らは一人ひとり、怒りに駆られてその戦略を実行するが、それでも、救われることがない。彼らはもはや農村の住民でないが、だからと言って、都市の住民でもない。彼らはもはや農民ではないが、プロレタリアートにもなっていない。彼らはもはやインディオではないが、だからといって、首尾よく別の文化を自己のものにしたわけでもない。彼らは、農民であることをやめ、脱インディオ化し、伝統文化を廃棄したが、しかし、彼らの身分を規定するのはもっぱら彼らが捨てたはずの身分なのである。社会は彼らを無気力な状態のままに放置し、そのなかで、彼らは、人間同士の最も基本的な繋がりまで、侵害され、実際に利用価値がなくなると、破棄されてしまう。犯罪の多発、それ以上に頻繁に起こる子供の遺棄、それに、これはいつも、長く連れ添った挙句に男性から見捨てられた女性や長男のせいにされがちな家庭の不安定さなどは、未来への明るい展望をことごとく奪われた人たちのなかで進行中の社会的解体の大きさを示している。

インディアニスタの組織が誕生し、拡大したのは、まさに、その大衆化された部門においてのことである。インディアニスタの組織は、そのような状況のなか、急増する数々の宗派と協力して、祖国の喪失や孤立状況を打開する課題に取り組み、「インディオ性」を基礎にして熱烈な帰属意識を創出している。インディアニスタの組織は、社会という織物の引き裂かれた糸を繕い、分裂した個々の人びとの間に、新しい、多機能的な性格を帯びた関係を作り出している。その関係は、エスニック的な性格を備えれば備えるほど、緊密なものとなり、しかも、かなり強烈な感情に満たされる。はやらない弁護士や、元は大学教授で学校の教師、あるいは非合法なタクシー運転手になった人たちなど、要するに、現に従事している質素で不安定な仕事に似つかわしくない高等教育を受けた専門家たちが率先して、もはや準拠すべき枠組みを失った人びとに対して、価値観やアイデンティティを与えることのできる文化を甦らせているのである。そのような「ルンペン化した」知識人の指導のもとに実践されている「インディオ性」への回帰は、いわば戦略的な〔過去への〕後退であり、無気力な状態にある人びとが自己を認識し、一般的に認知され、そうして、集団として活動する能力を見出すのを可能にすることを目ざした戦術である。

伝統的なインディオのアイデンティティとインディアニスタの組織が明らかにしようとするアイデンティティの間には、かなり大きな違いがある。前者は、一つの社会的カテゴリーに対して外部から押しつけられた客観的なアイデンティティであり、特定の服装の着用や言語の使用、それに、より一般的には、特定の生活様式の実践によって、目に見える従属的な地位に相応している。しかし、後者は主観的なアイデンティティであり、従属的な地位を逃れた人びとが、その存在の痕跡すら認められないくらい、周縁化と排除という未曾有の状況に身を置いて、創出したものである。客観的なアイデンティティから主観的なアイデンティティへの移行は、インディオという身分の廃止を前提とし、必然的に、西欧化の文化変容への道を辿る。したがって、現在、ラテンアメリカで創出されているアイデンティティの認識は、これまで歴史の有為転変にけっして影響されずに連綿と続いてきた「インディオ性」のなかに刻み込まれていない。もしもそのような認識を、それを産み出した状況から引き離して考えると、その豊かな独創性と真の意味を過小評価する危険を冒すことになる。

Ⅱ　インディアニスタの組織

インディアニスタの組織の隆盛を特徴づけるのは、組織の数の夥《おびただ》しさとその多様性である。なかには、たとえば、エクワドルのエクアルナリのように、個別のエスニック集団に対応した組織もある。また、ブラジルの先住諸民族連合（UNI）、あるいは、エクワドルのインディオ諸民族連合（CONAIE）のように、国レベルでそれらの下部組織を連合させた組織もある。さらにまた、メキシコや中央アメリカのインディオ諸民族地域統合事業団（CORPI）、アマゾン流域インディオ組織統合事業団（COI

CA）、あるいは、南アメリカ・インディオ協議会（CISA）のように、国際的もしくは超国家的なレベルで国の連合組織を統轄するものもある。しかし、それらの連合組織や同盟組織、それに同盟組織の統合事業団はきわめて活動が鈍く、幹部組織と下部組織の間に段階的に存在する中間組織がかなり自主的に、あるいは、完全に独立して、活動している。他方、どの段階でも、組織同士が競合関係にある。たとえば、メキシコの全国インディオ集団統合事業団（CNPI）は、母体であるメキシコの全国インディオ集団連合（CNPI）が先住民を代表することに異議を唱え、一方、コロンビアのインディオ協会（AICO）は、不当に先住民の代表を名乗ろうとするコロンビアのインディオ国家機構（ONIC）と、代表権の独占をめぐって争っている。同じように、組織の分裂をもたらす意見の対立も珍しくなく、ボリビアでは、トゥパク・カタリ・インディオ運動が、互いに対抗する数知れない組織に分裂した。

数々のインディアニスタの組織を結集させているのは、国民国家に対する共通した敵意であり、組織の判断によると、国民国家はインディオに対して民族虐殺の罪を犯している。白人とメスティーソに関していえば、インディアニスタの組織は彼らを、国家機関を利用して、インディオ集団の国民としての意識を破壊し、また、インディオ集団を消滅させる目的で、彼らを未分化な集団という地位へ貶めているといって告発する。インディヘニスモが考える「国民」と、インディアニスタがその不滅性を賞賛するインディオの「民族意識」との間には、埋めることのできない大きな溝がある。それは文化の差異に由来し、インディアニスタは、その差異が消滅するまさにそのとき、それを過大評価する傾向にある。彼らはその差異を守ることと増幅させることを願い、混血をことごとく非難する。彼らの目には、インディオ文化は純粋のままであればあるほど、あるいは、ふたたび純粋になればなるほど、ますます力強いものに映る。そうなるためには、インディオ文化はその伝統本来の起源へ立ち戻り、文化変容をもたらす望ましくない接触から自衛しなければならないのである。

言語は、文化を伝達する際の重要な手段であるから、まず取り戻され、発展させられなければならない。したがって、インディアニスタの組織は、例外なく一致して、先住民語の再認識と二重言語・二重文化教育体制の確立を求める。しかし、その主張には、同じくらい基本的な要求も添えられる。つまり、インディオ文化が自由自在に開花できるような居住地域を、先住民集団ごとに割り当てるという要求である。そして、その居住地域は、国家の法律の強制力が及ばない辺境に位置し、管理上および政治上、自治という立場を享受することになる。慣習法は文字化しなければならないが、その慣習法に従ってその地域を治める各エスニック集団の支配者が、自然資源の管理とその利用を保証する。彼らは、「民族発展」という、曖昧な定義を下されている新しい概念、しかし、インディオが「団結」と「交換」について抱く価値観に則した経済モデルに依拠した概念の執行者となる。そして、その経済モデルは、伝統的な技術への回帰、あるいは、環境破壊をもたらさない「優しい」技術の創出を意味している。

インディアニスタの組織は、たとえその一部が政党内に設置され、現在にいたるまで納得のいく選挙結果を獲得していなくても、おおむねインディオの文化やその居住地域、あるいは、政治・経済に関する彼らの権利を守るのに、国の政治制度の枠内で戦うのを避ける。むしろ、それらの組織は議会を越えて、直接、政府と交渉を試み、平等を基盤に、「国民対国民」という関係を築こうとする。さらに、最も急進的なインディアニスモの知識人は、代表制や民主主義的な体制を、西欧文化に属するという理由から、拒否する。それに対し、彼らは、役職者がつねに年長者の監督下、賢明な意思決定を下すような、先住民の有機的な民主主義の形態を対置する。同じように、彼らはキリスト教を、カトリックであろうとプロテスタントであろうと、白人の宗教として拒否する。先住民本来の宗教は、インディオを母なる大地や宇宙の力と結びつける先祖伝来の信仰を中心に結晶するのである。すでに数年前から、トゥパク・カタリ運動に属する一部の組織は、ボリビアのティアワナコの遺跡で、夏至の時期に、太陽信仰を催している。それは伝統的なものとして紹介されているが、起源は定かではない。文化の伝統を再構築、あるいは、創り出すような試みが、観光客目当てのフォルクローレに堕するか、それとも、民族性創出のプロセスを加速するかどうか、いまの段階で断定するのは早計である。

インディアニスタの言説によれば、インディオ文化は、たとえ復元されようと再建されようと、あるいは創り出されようと、西欧文化を逆転させたその複製として示される。インディオ文化は、個人主義の傾向を亢進させるより、集団の必要性に従わせて個人的願望を十全に満たすことになる。いずれにせよ、インディオ文化は、「紛争と対立」を「秩序と均衡関係」に置き換え、したがって、略奪的な領土拡張主義を無視するのである。また、インディオ文化は自然を尊重する。というのも、インディオ文化は自然を支配するのではなく、理性的思考に基づく詭弁をさける直感的な認識を介して、自然を理解しようと試みるからである。その直感的な認識によって、人間は、人間がその一要素にすぎない宇宙との間に共生関係を築くのである。インディオ文化は、調和のとれた、穏やかで、共同体的かつ反合理主義的なものであり、広く流布した、そして、かなり生態環境に染まった汎神主義のしみついたものとして現われる。そのようなインディアニスタの考え方は経験的に観察される現実を映し出しているというより、西欧を完全に否定する態度を示している。いくつかの点で、その考え方は一九二〇年代と三〇年代の風土主義に近く、したがって、ヨーロッパや北アメリカで、新しい価値体系や新しい人間関係のモデル、あるいは、人間と環境の新しい型の関係を模索している人びとがその考えを支持したのもなんら不思議なことではない。さらに、インディアニスタの組織が、ヨーロッパや北アメリカのオルタナティブ運動〔工業社会を批判し、新しい共同体生活を提唱〕やニューエイジ〔自然との共生などを特徴とする文化的風潮〕の環境保護運動と接触したことによって、両者の間で、二重の意味をもつ、思想上の明らかな相互影響が進行している。

インディアニスタが農村地方に暮らしているインディオと変わることなく接触したり、安定した関係を築いたりするのは、現実には至難の業である。たいていの場合、インディアニスタの組織の多くは、農村にうまく定着できず、インディオからは、必ずしも参加したいと思わないような道を切り開く前衛主義者のように見なされている。インディアニスタの組織は、インディオの願望を伝えるというより、みずからがその代表であると主張する相手の人びと、つまり、インディオたちを自己自身の目的へ導こうとする。一般に、その動員能力は低く、組織が期待する成功は、〔その組織では〕必ずしも引き起こすことのできない運動を取りこめるかどうかにかかっている。たとえば、一九九〇年、農産物価格の下落と農業で利用される工業投入量の増加が重なった結果、減収という現実に直面したエクワドルの先住民農民たちは、インディオ諸民族連合（CONAIE）に「農業ストライキ」を組織するよう求めた。そのとき二重文化教育に関する法律適用の在り方を政府と交渉していたインディオ諸民族連合は、ストライキを打つのは時期尚早であると判断したが、ストライキの延期を先住民農民たちに説得できず、諦めてストの先頭に立った。そうして、ストはインディオ諸民族連合に誘導され、発生当初にはなかった民族的傾向を帯びることになった。その結果、「農業ストライキ」は「インディオの反乱」と化し、そのとき、権利要求の基本方針においても、本来の社会的かつ経済的な要求は、インディオ諸民族連合の提示した文化的な要求の影に隠れてしまった。

おそらく、インディオは大部分、インディアニスタの組織を自分たち自身の目的達成に資する他の組織と同列に見ている。したがって、彼らは独自の戦略の枠内でかなり実用本位にそれらの組織を利用し、しばしば組織を競合させ、手に入れることのできる成果次第で、組織から組織へと移り渡る。つまり、彼らはけっして特定の組織に対し忠誠を誓わず、戦術的にしか同盟を結ぼうとしない。それにもかかわらず、インディアニスモは、先住民農民たちが依然として暮らしている場所へ少しずつ浸透している。インディアニスモは、都市における不安定な生活に耐え切れず出身地へ帰らざるをえなくなった移民たちによって伝えられ、その考えは共同体で歓迎されたのである。一方、共同体はいたるところで、国家からその運命を見捨てられたときから、自己の伝統に閉じこもる傾向にある。

インディアニスタの組織は、その社会基盤が拡大し、みずからが標榜する「インディオの代表」という肩書きを獲得するまで、インディアニスモの発展を望ましいと考えた外部世界からの支援に、かなり依存した。すなわち、教会がインディアニスモの拡大にしばしば決定的な役割を果たしたのである。組織のひとつ、シュア人センター連合は、一九六〇年代の半ばにイタリアのサレジア会の司祭たちがエクワドルで創設したものである。それよりやや遅れて、エクワドルの教会指導者がエクワルナリの創設を支援し、一方、ブラジルの伝道団協議会は先住諸民族連合（ＵＮＩ）の結成を主宰し、いまも支援をつづけている。最後に、一九七七年、世界教会協議会は指導的なインディアニスタたちをバルバドスに招集して、第一回ラテンアメリカ会議を組織した。

　バチカン第二公会議（一九六二〜六五年）のあと、つねにラテンアメリカの国家の礎になろうとしてきたカトリック教会は、文化的共同体が福音のメッセージを自己占有するのを認めた、信仰に関する「異文化の受肉《インカルチュレーション》」という新しい方針を採用した。プロテスタントのファンダメンタリスト〔根本主義者〕の宗派がカトリックと激しく対立した結果、一九七九年に〔メキシコの〕プエブラで開催された第三回ラテンアメリカ司教会議において、福音活動はインディオ文化を尊重し、その価値観の拡大に資すべきであると宣言された。ローマ教皇ヨハネ・パウロ二世〔在位一九七八年〜〕は、さらにその考えを推し進め、一九八七年、〔チリの〕テムコで教皇を出迎えたマプーチェの先住民を前に、彼らの文化的アイデンティティを擁護するのは〔教会の〕権利というより、いわば義務であるとまで断言した。

　そのような新しい考えは、国際連合とその専門機関を動かし、それらの機関によって、インディアニスモの指導者たちは国際的に知られるようになり、彼らの権利の要求は世界的な反響を呼び起こした。国際連合は、先住民族世界協議会（ＣＭＰＩ）に諮問的地位を与え、インディアニスタの組織は、直接、間接を問わず、協議会に加入した。国際連合は差別の防止と少数民族の保護のために設置された下部の委員会のなかに、インディアニスタの組織と協力して先住民の権利に関する世界宣言を草案する作業グループを組織した。それと平行して、一九八九年、国際労働機構は、統合主義的な思想の影響の強い先住民「集団」に関する第一〇七条項を、先住「民族」に関する第一六九条項に差し替えた。新しい国際的な組織は、先住民の文化的アイデンティティを守り、強化するため、土地を所有する権利と、その土地の開発を自主管理する権利を彼らに認めた。世界中で、とくに、インディオが想像の領域でつねに特別な位置を占めたヨーロッパで、サーバイバル・インターナショナルのような、非政府組織のネットワークがインディアニスモの主義主張を支持して行動を起こした。コロンブスのアメリカ上陸五〇〇周年にあたる一九九二年、人権擁護のために闘うキチェー人女性〔グァテマラのリゴベルタ・メンチュー〕がインディアニスモの主義主張を弁じ、高揚したことにより、ノーベル平和賞を受賞した。

人類学は、世論に対し、インディアニスモの言説を正当化するのに基本的な役割を果たした。新しい世代の人類学者たちは、権力に隷属するようなインディヘニスモときっぱり手を切り、人類学が伝統的にもつ思想的および政治的な力を「インディオ性」に役立つように利用した。たとえば、一九七〇年、メキシコの人類学者たちが『メキシコ人類学と呼ばれる由縁』*De eso que llaman antropología mexicana* というタイトルの宣言を発表し、大反響を呼んだ。旧世代の人類学者たちは、かなり単一的な、しかし当時の近代化理論とうまく合致した進化論を支持したが、一方、新世代の人類学者たちは、文化相対主義が唱える立場に共鳴した。つまり、彼らの関心は、もはや変革ではなく、連続性や持続性に向けられ、彼らはクロード・レヴィ＝ストロース〔一九〇八年生まれ、フランスの文化人類学者、構造主義の代表者〕のあとを受けて、象徴的な世界にその連続性や持続性を追い求めた。あるいは、彼らはマーヴィン・ハリス〔一九二七年生まれ、アメリカの文化人類学者〕の影響を受けて、自然環境への適応のなかに連続性や持続性の原因を見出した。そして、一部の古い概念が作り直されて、意味を変えた。つまり、「文化変容」は「民族虐殺」を意味することになり、一方、農民たちに認められる「新しいものを嫌う態度」は「民族的抵抗」を意味する概念となった。時を移さず、ついに「インディオ性」を存在論的なものにするような、したがって、インディオと非先住民の差異を絶対化するような決断が下された。インディヘニスタの人類学はインディオ文化と西欧文化を補完的なものとして認めたが、それは理由があってのことではなかった。しかし、インディアニスタの人類学がその二つの文化を絶対両立しないものと見なしたのは、それ以上に理由のあることではなかった。したがって、インディオ文化と西欧文化の共存は多文化主義を認めることと、多文化主義という表現を認めるのにふさわしい環境を受容することを前提としている。

III　国家とエスニック集団による自治管理

深刻な社会危機の拡大を回避できない状況のもとで、国家は、もはや実現の可能性が潰《つい》えた統合主義的なインディヘニスモから離反した。国家は、次第にインディアニスモの言説を受け容れ、「インディオ性」を擁護するために闘う人びとの要求をいっそう採用するようになった。国家は社会集団を統制する力を喪失し、社会集団の均質化を断念したが、そのとき、国家は多文化共存社会という概念を支持し、その考えを基礎にインディオに対する新しい政策の実践を目指した。

一九七一年以来、メキシコ政府は従来のインディヘニスモ政策を批判的に検討するようになり、その結果、インディヘニスモ政策は最終的に糾弾された。メキシコ政府は、以後、インディオを対象とする活動が柔軟に行なえるように、連邦機関が独自の計画を推進するのを認め、全国インディヘニスタ協会の統合センターがその独自の計画に従属することになった。その結果、全国インディヘニスタ協会は独占権を失って弱体化し、被抑圧地域や体制から外れた人びとに対する支援を目的とする大規模な国家計画(COPLAMAR)に急速に統合され、主導権も奪われた。再び国家が先住民地域に介入する措置がとられる一方、インディオ共同体は言語学的規準に従って再編され、インディオ村落が形成された。村落は各々、「最高評議会」の指導下に置かれ、評議会のメンバーはいわば伝統的な手続きで任命されたが、事実上は、二重言語能力を備えた教師、すなわち、公務員であった。最高評議会は一九七四年にはじめてパックワロに参集し、各村落の必要性について討議し、政府機関に対し、その必要性を満たすための適切な方策を提案した。すなわち、四〇年前にインディヘニスタたちが全権をもってインディオの運命を決定したのと同じ場所で、今度は、インディオたちがみずから、自分の運命を担うことになったのである。そのインディオの会議において、メキシコ社会の特徴は、多民族、多文化であることだと宣言され、その宣言は一九九一年に制定された憲法の修正条項第四条に盛り込まれることになった。

メキシコは、権威主義的に新しい状況から数々の結論を下し、統合主義的な政策からエスニック集団による自治管理政策へ移行したラテンアメリカ最初の国である。メキシコ以外の国々では、その移行は緩慢で、しかもかなり遅く、たいていの場合、インディアニスタの組織との交渉によってはじまった。しかし、いずれの場合も、政策の移行は、国家とインディアニスタの組織との力関係を示しているわけではない。インディアニスタの組織は、国家に組織の立てた計画の実行を強制するにはあまりにも弱体化してしまい、そのうえ、いくつかの対抗組織に分断された結果、国家に自由な行動をとる余地を残すことになった。エスニック集団による自治管理政策は、財政および経済危機によって、にわかに社会危機が深刻化した一九八〇年代初頭から、一般化する傾向にあった。そのとき、国家は破産寸前で、ポピュリズムを呪い、輸入代替的工業化という衰退したモデルと縁を切り、国際通貨基金の厳しい監督下、市場の法則に従った。破産的な状況のなか、国家は急遽、また、しばしば無秩序に、四方八方へ広がったネットワークや機関を引き上げ、みずからがあまりにも手を広げすぎた社会政策および領土政策の分野から手を引いた。国家は、とくに教育と保健衛生、さらには司法や公共の安寧の面でも、もはや行使できなくなった権限を民間に移管したばかりか、それらの権限を分散し、非中央集権化、つまり、地方分権化し、いたるところで下部組織へ戻したのである。一連の試みや失敗や修正を経たのち、国家がその経験に基づいて、エスニック集団による自治管理の方法を確立したのは、そのように新経済自由主義《ネオリベラリズム》がもてはやされた状況下のことである。

コロンビアでは、幅広い社会産業部門を独占する麻薬カルテルと広大な地域を支配するゲリラが国家を脅かしているが、一九八〇年以来政権を担当した歴代政府は、体制が足場にできるような〔役割システムにおける〕新しい行為者を生み出そうとした。コロンビアの歴代政府がインディオに対する新しい政策を確立したのは、新しく正当性を獲得するのに役立ち、しかも、社会および領土の支配をめぐって非合法活動を行なう連中に首尾よく対抗できるようなエスニック集団の行為者の登場を目指したときのことである。つまり、一九九一年の憲法で、新しい政策の原則と方向が定められ、新憲法の条文では、国の文化的多様性が認められ、その保護が保証されたのである。また、インディオに対しては、彼らのアイデンティティを尊び、発展させる教育を受ける権利が認められた。憲法では、インディオ居住地域の創設が定められ、居住地域では、管理上の自治が認められ、そして、伝統に従って任命される支配者が、とりわけ経済分野で、大きな特権を与えられた。また、インディオが議会に代表を送りこめるように、上院議員五名と下院議員二名をそれぞれ選出する特別選挙区が設定された。国境で分断された民族集団の再統一を促すため、互恵《ごけい》という条件つきで、外国に居住する民族集団のメンバーに、コロンビアのパスポートが支給される準備も整えられた。

ボリビアでは、一九五二年にポピュリスト国家を樹立した同じ政党と人物が、一九八五年には、その国家の解体を企てた。都市へ撤退した国家機構は農村社会の問題を切り捨てるか、さもなければ、国籍や宗教を問わない、数知れない非政府組織の人道主義的なブリコラージュ〔レヴィ＝ストロースの用語で、有り合せの素材や手段を適当に組み合わせて問題を解決していく方法〕に任せた。しかし、とくに政府は麻薬取引業者には手をつけようとはしなかった。一九九〇年、新政府は抑制のきかない状況の安定化に努め、エスニック集団ごとに居住地域を編成し、そして、その自然資源はそれぞれのエスニック集団に属さない人には利用できなくなった。居住地域にはそれぞれ、管理者としてインディオが配置され、管理者は環境保全に目を光らせ、秘密の麻薬工場へ原材料として供給されるコカの非合法な栽培の拡大と戦うことになった。事実、最初の四つのインディオ居住地域は、ボリビアのコカイン生産量の大部分が集まるベニ地方に誕生したのである。

コロンビアとボリビアについで、ペルーも同じように、エスニック集団の支配者に法的権限を認め、そうして、国内法と並行して、慣習法の適用を承認した。一九八五年に制定されたグァテマラの憲法と同じように、一九九三年のペルーの憲法も、多文化主義の原則を是認した。しかし、グァテマラでは、一九八七年の法律によって、エクワドルと比較できるような二重言語・二重文化教育制度が制定されたが、ペルーでは、多文化主義の原則はいまだ教育分野において、まったく結果を出していない。

多国間の新しい協力組織が旧い組織と入れ替わり、かつて国民の構成要素や国家の基盤と見なされたインディオは、「少数民族」という新しい地位に固定された。一九八九年、アマゾン協力条約に署名した八か国は、先住民問題を扱う特別委員会を組織し、委員会はアマゾン河流域に住むエスニック集団に一二万平方キロメートルに及ぶ土地を割譲する計画を立てた。委員会は計画の実施にあたり、アマゾン河流域にある数々のインディオ組織を統合するセンターの協力を得て、広大な土地でのエスニック集団の発展計画の実現を予測した。一九九一年に「メキシコの」グァダラハラで開催されたイベロアメリカ首脳会議で、インディオ基金が創設され、国家と受贈機関、それにインディアニスタの組織が基金の運営にあたった。基金は〔ボリビアの〕ラ・パスに設置され、衰退した米州諸国インディヘニスタ協会に代わって、エスニック集団の発展に融資する資格を得た。そのために、基金は米州開発銀行（BID）から無償融資を受け、世界銀行の支援を取りつけた。しかし、ここで指摘しておかなければならないのは、米州開発銀行と世界銀行において、エスニック集団の発展を管掌したのが経済・社会開発部ではなく、自然資源および環境局であったということである。

新経済自由主義を標榜する国家は、以前、ポピュリスト政府がインディヘニスモに見出した思想を、インディアニスモのなかに発見した。その結果、国家がもはや直接管理できなくなった人びとや土地に対し、最小限のコストで間接的な支配を行なうのを保証するような政策が登場した。つまり、土地を受け取った人びとは、秩序正しくて安全な社会状況を創出し、自主的に、換言すれば、公共サービスに頼らずに、暮らしていく術を学ばなければならなくなったのである。公共サービスが提供されなくなったからである。たとえば、コロンビアのグァヒロ人は、要求どおり、二重言語・二重文化教育制度の実施許可を手に入れたが、制度の実行に必要な資金の提供に関していえば、彼ら自身が土地で操業しているエクソン石油グループの子会社を説得しなければならなかった。基本的な社会的要求のなかには、結局は、満たされることなく終わったものもある。つまり、それらの要求は、インディオ文化の規準に合致しないという理由で正当な評価すら下されなかったり、別のインディオ機関が応えるべきだと考えられて、そこに振り向けられたりしたのである。メキシコの保健衛生ネットワークが解体すると――そして一九五〇年代以降根絶していた疫病が農村部で再び発生すると――インディオの呪医が先住民医師の地位へ引き上げられ、いわゆる西洋医学に携わる人びとの組織と同じような団体に組織された。彼らは政府の後援のもと、一九八九年にオアステペックで最初の全国会議を開催した。

一部の人びとに見られる再インディオ化傾向や、いくつかの社会部門を民族伝統一色に染めるために行なわれている試みは、取り返しのつかないほどの大衆の周縁化を確立するのに、手を貸している。その試みは、これまでになかった明らかに長期的な経済状況の影響を受けて、増大すると同時に国民性を喪失する社会を、できるだけ早く制度化する方向へ向かう。そして、おそらくラテンアメリカの一部の国では無視できないことだが、ラテンアメリカが、みずからが参入している超国家的な世界のなかで、政治的な安定を達成できるかどうかはその試みの成果にかかっている。

終わりに

ラテンアメリカでは、国家が国民に優先する。ラテンアメリカ諸国は、旧植民地体制がエスニック集団を基盤にして定めた法律上の人口区分を当然のこととして維持した内部の支配構造に手をつけずに、独立を宣言した。しかし、やがて、その古い支配構造もまた、十九世紀後半を通じて相次いで勃発したインディオの反乱によって次第に崩れ、黎明期の資本主義のますます激しい攻撃を浴びた。そのとき、インディヘニスモは理想の国民像という名において、旧体制批判を思想的に正当化するようになった。すべてのナショナリズムと同じように、インディヘニスモも、多様性を一つに収斂させようとした。しかし、インディオたちの「白人志向《ブランケアミエント》」が、一時期、インディヘニスモの最初の計画の草案に入っていたときでも、インディヘニスモは他者を同一化しようとはしなかった。インディヘニスモは、混血を通じて、インディオでもなくクリオーリョでもない統合的な社会、すなわち、インディオであることがまったく特異で稀有なものになるような社会の誕生を願って、インディオと白人の融合を奨励した。インディオがインディオとして消滅する運命にあるとすれば、彼らの示す差異は国民全体に受け容れられ、国民というアイデンティティの基礎にならなければならなかった。二十世紀、近代化を模索する権威主義的で国家主義的な政府は、インディヘニスタの計画を自己のものとして取り込み、国民的アイデンティティ創出に躍起になった。そして、そのアイデンティティは、植民地を経営したヨーロッパに対するラテンアメリカ諸国の自立という立場と、国民の一致協力のもとにラテンアメリカ諸国の発展とを保証するものとして提示された。

インディヘニスモを総括してその大きな傾向を辿るのは、さほど困難ではない。第一次世界大戦以後、国民に関するさまざまな意見では、ラテンアメリカ内部の差異が強調され、ついにはその差異は単なる地理的な言い回しに変えられた。他方、ヨーロッパが伝統的にラテンアメリカに及ぼした影響は、消え去ることがなかった。しかし、ラテンアメリカはヨーロッパとの関係を断ち切ったが、それは、ラテンアメリカがアメリカ合衆国の影響下に組み込まれることを意味したにすぎない。つまり、ラテンアメリカの指導者たちが唱えたえてして反帝国主義的な美辞麗句も、彼らが受け容れた自給自足的な発展の国家モデルもともに、互いにますます差異化を強めるラテンアメリカ諸国が全体として、経済的かつ政治的のみならず、知的かつ精神的にも、北の巨大な隣国に従属するのを妨げることがなかったのである。そして、北アメリカのようになることが、裕福な人びとの生活様式に見られるのと同じように、赤貧に喘ぐ人びとの願望や、この上なく不利な立場に置かれた人びとの夢ともなった。換言すれば、インディヘニスモは、スペイン主義を敵と見なしたが、最終的にスペイン主義を打倒したのは、インディヘニスモではなく、汎米主義なのである。

こんにち、世界の「グローバル化」と世界の小集団化は、国家的計画を例外なく、陳腐なものにしている。世界の「グローバル化」によって、インディヘニスモは過去のものになった。小集団化に関して言えば、それは、細かく分断された社会のただ中で、「インディオ性」の再生を保証している。いや、もっと正確に言えば、新しい「インディオ性」の誕生を保証しているのである。

訳者あとがき

本書は、Henri Favre, *L'Indigénisme* (coll.«Que sais-je?» n°3088, P.U.F., Paris, 1996) の全訳である。著者のアンリ・ファーヴルは一九三七年十二月にフランスのマルセイユに生まれ、パリ大学で歴史学、社会学および政治学を学んだあと、シカゴ大学で人類学を修め、一九六八年にパリ大学で社会学の博士号を取得。そののち、メキシコの全国インディヘニスタ協会やリマ（ペルー）のフランス国立アンデス研究所で客員研究員を務め、カナダのラヴァル大学（ケベック）、メキシコ自治大学（メキシコ市）、ペルー・カトリック大学とサン・マルコス大学（いずれもリマ）やピッツバーグ大学などの客員教授を歴任。その間、一九六六年から八九年まで、パリにあるラテンアメリカ研究所で先住民農村社会に関するセミナーを担当、現在はフランスの国立科学研究センター Centre National de la Recherche Scientifique の調査研究部長を務め、一二年間にわたり、ラテンアメリカの先住民農村社会に関する研究チームの指導に当たっている。代表的な著書としては、本書と同じく白水社から翻訳出版されている文庫クセジュ六一〇番『インカ文明』（小池佑二訳、一九七七年）*Les Incas* (coll.«Que sais-je?» n°1504, P.U.F., Paris, 1972) 以外に、以下のような作品がある。

La Hacienda en el Perú. Instituto de Estudios Peruanos, Lima, 1967.
La oligarquía en el Perú. Moncloa-Comprodonico, Lima, 1969.
Changement et continuité chez les Mayas du Mexique. Anthropos, Paris, 1971.
L'Amérique latine. Flamarion, Paris, 1998.

著者はこれ以外にも数多くの編著や論文をものしているが、上記のリストからも分かるように、ラテンアメリカの先住民問題、とくに、先コロンブス期からスペインによる征服・植民支配期を経て現在にいたるまで、さまざまな変容を受けながら生きつづける先住民の文化や社会に関わる諸問題を歴史学的あるいは社会学的な視点から解明する作業に取り組んでいるフランスの指導的な研究者である。

本書は、十五世紀末のコロンブスによる「新大陸到達」後まもなくラテンアメリカ、正確にいえば、スペイン領アメリカ（イスパノアメリカ）で生起した先住民の生きる権利と自由を擁護する運動（「十六世紀インディヘニスモ」と呼ばれる）が植民支配期・独立期を経て十九世紀末ころから、重要な政治的・社会的かつ文化的な運動へ変容し、さらに、二十世紀初頭に勃発したメキシコ革命を契機に、ラテンアメリカ諸国が「西欧化路線」を離れて自立への道を模索しはじめた時期から、民族自決主義が大きくなりとなって世界を席捲した七〇年代にいたるまで、「ナショナリズム」と関わりながら、発展していった経緯を説き明かすとともに、その運動の歴史的意味を簡明に論じた興味深い作品である。著者は基本的にインディヘニスモを「西欧」を否定する「西欧的運動」と見なし、その限界を指摘する一方、七〇年代以降にインディヘニスモを否定して登場した「インディアニスモ」にも克服すべき数多くの問題が存在することを明らかにし、ラテンアメリカ諸国における先住民問題の複雑さと特徴を巧みに描きだしている。

わが国では、インディヘニスモの専門的な研究は緒についたばかりで、これまではラテンアメリカの政治・経済あるいは文学の研究者がそれぞれの専門分野と関わるなかで論じたり、関係文献を翻訳したりしたにすぎなかったといっても、過言ではないだろう（邦訳版については、本文中に訳補のかたちで紹介した）。したがって、本書がインディヘニスモ研究のさらなる発展に寄与することになれば、訳者にとり、望外の喜びである。なお、訳業を進めるにあたり、ラテンアメリカ関係の邦語文献を数多く利用させていただいたが、訳書という性格を考慮して、そのなかでもとくに参考にした文献のみを以下に記すにとどめたい。

＊ 増田義郎編『ラテンアメリカのナショナリズム』（アジア経済研究所、一九七七年）

＊ 黒沼ユリ子著『メキシコからの手紙――インディヘナのなかで考えたこと――』（岩波書店、新書、一九八〇年）

＊ R・スタベンハーゲン著『開発と農民社会――ラテンアメリカ社会の構造と変動』（山崎・原田・青木共訳、岩波書店、現代選書59、一九八一年）

＊　加藤薫著『メキシコ壁画運動』（平凡社、一九八八年）
＊　清水透編『ラテンアメリカ――統合圧力と拡散のエネルギー』（大月書店、「〈南〉から見た世界」第五巻、一九九九年）

翻訳にあたり、人名、地名や制度・組織名などのカナ表記は原則的には原音主義を採用したが、通称に従った場合もある（例：コロンブス、スペイン、メキシコ）。本文中の亀甲〔　〕は訳補、もしくは訳者による注を意味する。また、翻訳に際し、原書のスペイン語版（*El Indigenismo*, Fondo de Cultura Económica, México. 1996.）を適宜参照した。

これまでと同様今回も、大勢の方々や家族の温かい協力を得て、ようやく本書を上梓することができた。まず、訳者の執拗な質問に対して、変わることなく懇切丁寧にE-Mailあるいはファクスで答えてくださった著者のアンリ・ファーヴル教授に感謝しなければならない。また、フランス語の不明な箇所についてご教示いただいた大阪外国語大学・地域文化学科・南欧地域文化専攻の阿河雄二郎教授（フランス近世史専攻）にも御礼を申し述べたい。さらに、同学科・中南米地域文化専攻のゼミ生や院生、とくに、赴任先のコロンビアから貴重な資料を提供してくださった卒業生の勇春菜さん（二〇〇一年三月卒）と、同じくゼミ卒生で、下訳を入念にチェックし、誤りを指摘していただいた赤野弘美さん（二〇〇二年三月卒）にも感謝の気持ちを伝えたい。最後に、度重なる海外出張や雑用などで、完成原稿が大幅に遅れたにもかかわらず、終始温かい目で仕事の完成を見守ってくださった白水社編集部の和久田頼男氏に謝意を表する次第である。

二〇〇二年九月　神戸にて

染田　秀藤

索引

ア行

カ行

サ行

タ行

ナ行

ハ行

マ行

ヤ行

ラ行

参考文献

本文中で引用した一次史料の原題は仏訳題名〔本訳書では邦訳題名〕のあとにイタリック体で記しておいた．以下に，それ以外の参考文献を挙げておく．

Bonfil Batalla, Guillermo (ed.), *Utopía y revolución. El pensamiento político contemporáneo de los indios en América Latina*, México, Nueva Imagen, 1981.

Davies, Thomas M., *Indian Integration in Peru. A Half Century of Experience,* Lincoln, University of Neblaska Press, 1974.

Fell, Ève-Marie, *Les Indiens. Sociétés et idéologies en Amérique latine,* Paris, Armand Colin, 1973.

Graham, Richard (ed.), *The Idea of Race in Latin America, 1870-1940*, Austin, University of Texas Press, 1990.

Kristal, Efraín, *The Andes Viewed from the City. Literary and Political Discourse on the Indian in Peru, 1848-1930*, New York, Peter Lang, 1987.

Lafaye, Jacques, *Quetzalcoatl et Guadalupe. La formation de la conscience nationale au Mexique,* Paris, Gallimard, 1974.

Moreno Rivas, Yolanda, *Rostros del nacionalismo en la música mexicana. Un ensayo de interpretación,* México, Fondo de Cultura Económica, 1989.

Rens, Jef, *Le programme andin: contribution de l'OIT à un projet pilote de coopération technique multilatérale,* Bruxelles, 1987.

Rodríguez-Luis, Julio, *Hermenéutica y praxis del indigenismo. La novela indigenista de Clorinda Matto a José María Arguedas*, México, Fondo de Cultura Económica, 1980.

Stabb, Martin S., *In Quest of Identity. Patterns in the Spanish American Essay of Ideas, 1890-1960,* Chapel Hill: The University of North Carolina Press, 1967.

Urban, Greg, et Sherzer, Joel (ed.), *Nation-States and Indians in Latin America,* Austin, University of Texas Press, 1991.

Villoro, Luis, *Los grandes momentos del indigenismo en México,* México, El Colegio de México, 1950.

Wolfe, Bertam D., *The Fabulous Life of Diego Rivera,* New York, Stein & Day, 1963.

América latina, etnodesarrollo y etnocidio, San José de Costa Rica, Facultad Latinoamericana de Ciencias Sociales, 1982.

Campesinado e indigenismo en América latina, Lima, Centro Latinoamericano de Trabajo Social, 1978.

Indianité, ethnocide et indigénisme en Amérique latine, Paris, Centre National de la Recherche Scientifique, 1982.

訳者略歴
一九四四年生
一九六八年大阪外国語大学卒業
一九七〇年神戸市外国語大学大学院修士課程修了
現在大阪外国語大学・中南米地域文化専攻教授
ラテンアメリカ史専攻

主要著書
『ラス・カサス伝——新世界征服の審問者』（岩波書店）
『大航海時代における異文化理解と他者認識——スペイン語文書を読む——』（渓水社）
『インカ帝国の虚像と実像』（講談社）
El Imperio de los Incas, imagen del Tahuantinsuyu creada por los cronistas.（Lima, PUCP）

主要訳書
G・グティエレス『神か黄金か——甦るラス・カサス』（岩波書店）
マリアンヌ・マン＝ロト『イスパノアメリカの征服』（白水社）
I・シルバーブラット『月と太陽と魔女——ジェンダーによるアンデス世界の統合と支配』（岩波書店）
他

インディヘニスモ
ラテンアメリカにおける先住民擁護運動の歴史

二〇〇二年一〇月一五日印刷
二〇〇二年一〇月三〇日発行
訳　者© 染《そめ》田《だ》秀《ひで》藤《ふじ》
発行者　川村雅之
発行所　株式会社　白水社
東京都千代田区神田小川町三の二四
電話　営業部　〇三（三二九一）七八一一
　　　編集部　〇三（三二九一）七八二一
振替　〇〇一九〇-五-三三二二八
郵便番号　一〇一-〇〇五二
http://www.hakusuisha.co.jp
乱丁・落丁本は、送料小社負担にてお取り替えいたします。

平河工業社

ISBN 4-560-05856-3

Printed in Japan

Q 歴史・地理・民族(俗)学

18 フランス革命
62 ルネサンス
79 ナポレオン
116 英国史
133 十字軍
160 ラテン・アメリカ史
191 ルイ十四世
202 世界の農業地理
245 ロベスピエール
297 アフリカの民族と文化
309 パリ・コミューン
338 ロシア革命
351 ヨーロッパ文明史
353 騎士道
382 海賊
385 アンシァン・レジーム
412 アメリカの黒人
418 年表世界史1
419 年表世界史2
420 年表世界史3
421 年表世界史4
428 宗教戦争
446 東南アジアの地理
454 ローマ共和政

458 ジャンヌ・ダルク
469 ロシア史
484 宗教改革
491 アステカ文明
506 ヒトラーとナチズム
528 ジプシー
530 森林の歴史
536 アッチラとフン族
541 アメリカ合衆国の地理
557 ジンギスカン
566 ムッソリーニとファシズム
567 蛮族の侵入
568 ブラジル
569 地理学の方法
574 カール五世
580 フランスの地理
586 トルコ史
590 中世ヨーロッパの生活
597 ヒマラヤ
602 末期ローマ帝国
604 テンプル騎士団
610 インカ文明
615 ファシズム
620 ニジェール
627 南アメリカの地理

629 ポルトガル史
634 古代オリエント文明
636 メジチ家の世紀
637 ヴァイキング
638 ブラジル史
648 マヤ文明
660 朝鮮史
664 新しい地理学
665 イスパノアメリカの征服
669 新朝鮮事情
675 フィレンツェ史
684 ガリカニスム
685 フランスの民話
689 言語の地理学
691 近代ギリシア史
692 ドイツ軍占領下のフランス
696 マダガスカル
705 対独協力の歴史
709 ドレーフュス事件
713 古代エジプト
719 フランスの民族学
724 バルト三国
731 スペイン史
732 フランス革命史
735 バスク人

743 スペイン内戦
747 ルーマニア史
752 オランダ史
755 朝鮮半島を見る基礎知識
757 ラングドックの歴史
758 キケロ
760 ヨーロッパの民族学
766 ジャンヌ・ダルクの実像
767 ローマの古代都市
769 中国の外交
781 カルタゴ
782 カンボジア
790 ベルギー史
791 アイルランド
798 フランス植民地帝国の歴史
806 中世フランスの騎士
810 闘牛への招待
812 ポエニ戦争
813 ヴェルサイユの歴史
814 ハンガリー
815 メキシコ史
816 コルシカ島
819 戦時下のアルザス・ロレーヌ
823 レコンキスタの歴史
825 ヴェネツィア史

Q 社会科学

318 ふらんすエチケット集
357 売春の社会学
395 民間航空
396 性関係の歴史
408 都市と農村
423 インド亜大陸の経済
441 東南アジアの経済
457 図書館
483 社会学の方法
551 結婚と離婚
560 インフレーション
616 中国人の生活
632 ヨーロッパの政党
645 書誌
650 外国貿易
654 女性の権利
667 付加価値税
672 大恐慌
681 教育科学
693 国際人道法
695 人種差別
698 開発国際法
715 スポーツの経済学
717 第三世界
725 イギリス人の生活
737 EC市場統合
740 フェミニズムの世界史
744 社会学の言語
746 労働法
786 ジャーナリストの倫理
787 象徴系の政治学
792 社会学の基本用語
796 死刑制度の歴史
824 トクヴィル
837 福祉国家
845 ヨーロッパの超特急
847 エスニシティの社会学

Q 語学・文学

Q 芸術・趣味

Q 自然科学